전주대학교 문화산업 총서 ⑩

가상현실 애플리케이션

전주대학교 문화산업 총서 ❿
가상현실 애플리케이션

초판 인쇄 2009년 6월 23일
초판 발행 2009년 6월 30일

지은이 강승묵
펴낸이 최종숙
편   집 권분옥 이소희 이태곤 추다영
디자인 홍동선 이홍주
마케팅 문택주 안현진 심용창

펴낸곳 글누림출판사
주   소 서울시 서초구 반포4동 577-25 문창빌딩 2층
전   화 02-3409-2055(편집), 2058(마케팅)
팩   스 02-3409-2059
등록 2005년 10월 5일 제303-2005-000038호
홈페이지 www.geulnurim.co.kr
전자우편 nurim3888@hanmail.net

값 8,000원
ISBN 978-89-6327-036-4 93000
       978-89-6327-026-5 세트

이 책은 전주대학교 X-edu 사업단의 지원으로 제작되었습니다.

전주대학교 문화산업 총서 ⑩

가상현실 애플리케이션

강 승 묵

글누림

축 사

　전주대학교 X-edu 사업단이 지난 5년간의 성과를 모아 문화산업 총서를 발간하게 됨을 진심으로 축하드립니다. 문화콘텐츠는 21세기 국가경쟁력과 문화산업에 중요한 자양분입니다. X-edu 사업단은 문화콘텐츠의 중요성을 인식하고 사회적·경제적 요구와 대학 교육을 접목시킨 전통문화콘텐츠 인력양성사업을 2004년부터 매년 50억 원의 사업비를 투자하여 진행해 왔습니다. 우수학생을 유치하고, 교육역량을 강화하며, 내실 있는 교육을 통해 전주대학교는 최고 수준의 문화콘텐츠 특성화대학으로 탈바꿈하였습니다. 특히 2006년에는 전국 최초로 문화산업대학을 신설하였고, 2008년에는 취업률 전국 1위라는 의미 있는 성과를 거두기도 하였습니다.

　대학의 중심은 교수와 학생입니다. 학생들의 취업률만큼이나 중요한 것이 교수의 연구능력입니다. X-edu 사업단 소속 교수들이 지난 5년간 교육현장에서 보여준 열정과 능력은 우리 전주대학교의 중요한 자산입니다. 이번에 발간하게 되는 문화산업 총서는 그 가시적인 결과물인 동시에 한 대학의 지적 재산을 넘어 우리나라 문화산업 전반에 중요한 성과물로 기록될 것입니다.

　지방대학이라는 어려운 여건 속에서도 전주대학교가 문화콘텐츠 분야에서 우수 인력을 양성하고 배출할 수 있었던 것은 X-edu 사업단의 체계적인 교육프로그램과 학생들의 자발적인 참여, 교수들의 헌신적인 노력이 삼위일체가 되었기 때문입니다. 전주대학교는 5년간의 누리사업을 통해 한층 업그레이드되었고, 그 성과를 내실 있는 교육을 통해 다시 사회로 환원시키는 데 최선의 노력을 다할 것입니다.

여러 가지 어려움 속에서도 X-edu 사업단을 전국 최고의 누리사업단으로 발전시킨 주명준 단장님 이하 사업단 모든 교수님들께 깊은 감사의 말씀을 전합니다.

전주대학교 총장 **이 남 식**

발간사

전주대학교의 누리사업단인 전통문화 콘텐츠 X-edu 사업단이 문화산업 총서를 펴내게 된 것을 자랑스럽게 생각합니다.

누리사업은 지방대학이 어려움에 직면하게 되자 교육부가 지방대학의 혁신역량을 강화할 필요를 절감하여 실시한 국책사업입니다. 누리사업으로 인해 지방대학의 역량이 크게 강화되었음은 주지의 사실입니다. 전주대학교는 문화콘텐츠산업의 세계화 추세에 발맞춰 이에 대한 준비를 오래 전부터 해 왔습니다. 그 결과 2004년 교육부의 지방대학혁신역량강화사업으로 당당히 선정되었고, 5년에 걸쳐 무려 341억 원을 투자한 우리 대학 역사상 초유의 대형프로젝트가 진행되었습니다.

X-edu 사업단은 전라북도의 전통문화를 오늘날에 되살려 디지털 콘텐츠로 제작하는 교육을 통해 학생들의 취업 경쟁력을 높이고 나아가서는 지방산업 발전에 기여하는 인재를 육성할 뿐만이 아니라 지방의 경제 활성화에 도움을 주기 위해 노력하였습니다. 우리는 지난 5년 동안 교수와 학생 및 산업체의 전문가들이 삼위일체가 되어 디지털 콘텐츠기술의 전수와 전라북도의 전통문화 발굴, 그리고 문화산업 발전에 필요한 인력양성에 줄곧 매진하였습니다. 그 결과, 지금은 '전통문화!' 하면 전주대학교 X-edu 사업단을 떠올릴 정도로 그 위상을 확고히 할 수 있게 되었습니다. 이는 우리가 배출

한 학생들이 다양한 분야의 문화콘텐츠 산업 현장에 진출하여 활동하고 있음을 통해 확인할 수 있습니다.

X-edu 사업단에서는 학생들이 문화산업 분야의 새로운 지식을 습득하고 학습 능력을 향상시킬 수 있도록 5년간 매학기 문화산업 관련 교재 편찬을 지원하는 프로그램을 마련하였습니다. 교수들로부터 공개적으로 저술계획서를 받아 엄격한 심사를 거쳐 출판비를 지원한 것입니다. 마지막 학기에는 그동안 개발된 교재 중 10권을 엄선하여 전주대학교 문화산업 총서를 발간하기에 이르렀습니다. 이로써 5년 동안 계획하고 가르쳤던 우리 대학의 문화산업 교육역량을 마무리하게 되어 전주대학교 구성원 모두와 함께 기쁘게 생각합니다.

그동안 X-edu 사업단을 위하여 물심양면으로 도와주시고 실질적으로 지휘해 주신 전주대학교 이남식 총장님께 깊은 감사를 드립니다. 그리고 문화산업 총서를 계획하고 간행하는 모든 과정을 직접 책임지고 수행한 팀장 이용욱 교수님께 깊이 감사드립니다. 약 반년에 걸쳐 전주대학교 문화산업 총서 발간을 위하여 수고하신 글누림 출판사의 최종숙 사장님과 편집부 선생님들께도 심심한 사의를 표합니다.

전주대학교 문화산업 총서가 이 분야에 관심 있는 모든 분들에게 크게 도움이 되기를 간절히 소망합니다.

전주대학교 전통문화콘텐츠 X-edu 사업단장 **주 명 준**

머리말

2007년 가을에 처음으로 Quest3D에 관한 책을 냈습니다. 처음 써 본 책이라 여러 가지 부족한 점도 많았지만, 주변의 많은 분들의 도움으로 완성할 수 있었습니다. 내용면에서는 기존의 영문으로 된 매뉴얼의 번역 성격이 강하여 실제 Quest3D를 이용하여 프로젝트를 제작하는 데 실질적인 도움이 안 된다는 의견을 수렴하였습니다. 그 후 프로젝트 제작에 참고 자료로 활용할 수 있는 책을 내려고 노력하였습니다.

그동안 Quest3D는 업그레이드 판이 출시되어 현재 4.2.3이 나와 있습니다. 이전 버전과 크게 달라진 점은 없지만, 일부 변화가 있습니다. 아쉬운 점은 여전히 undo 기능의 부재입니다. 처음부터 상업적 목적을 갖고 출발한 소프트웨어가 아니라 undo 기능이 없어서 초래하는 불편함을 저작자는 감수하고 있는 것으로 보입니다. 아마도 undo 기능을 추가하려면, 프로그래밍을 처음부터 다시 해야 하기 때문에 계속 미루고 있는지도 모릅니다.

그 기능만 제외한다면 계속해서 발전하는 Quest3D는 프로그래밍에 관한 지식이 없는 초보자들도 쉽게 자신의 프로젝트를 완성할 수 있는 편리한 VR(가상현실) 저작 툴이라고 생각합니다. 유사한 툴들도 있지만, Quest3D만의 편리함과 빠른 실시간 렌더링 속도 그리고 다양한 기능은 이 소프트웨어만이 갖고 있는 특성으로 앞으로도 계속해서 사용자들의 요구에 부응하여 새로운 버전의 Quest3D가 출시 될 걸로 기대합니다.

본 책은 총서의 일부로 발간되므로 컴퓨터 소프트웨어 실질적 가이드로서 활용하기에는 부족함이 많이 있습니다. 그렇기 때문에 로우 폴리곤 모델을 변환하여 Quest3D에서 사용할 수 있도록 하는 부분에 대하여 저술하였습니다.

끝으로 이 책이 나올 수 있도록 도와준 전주대학교 X-edu 사업단, (주)시지웨이브 부설 가상현실연구소, 그리고 글누림출판사에 감사의 뜻을 여기에 적습니다.

저자 **강 승 묵**

CONTENTS

Chapter ❶ Introduction

1. Quest3D 4.0 소개

가상현실(VR 혹은 Virtual Reality) 애플리케이션을 만드는 방법에는 여러 가지가 있겠지만 주로 C나 C++를 기본으로 해서 OpenGL 또는 DirectX를 이용한 그래픽 프로그래밍하는 방법이 대부분입니다. 실시간 렌더링을 필요로 하는 가상현실(이하 VR) 애플리케이션을 제작하는 방법으로 초보자들이 쉽게 접근하고 이용할 수 있도록 한 저작 툴(tool) 중 하나가 네덜란드에 본사를 둔 Act-3D사의 Quest3D입니다. 이전에도 이와 유사한 툴들이 있었지만, Quest3D 만큼 빠르게 DirectX 버전에 따라 업데이트가 되지 않아서 한 씬(scene)에서 표현할 수 있는 폴리곤(polygon)의 수가 적고, 프로그래밍 지식이 없거나 적은 초보자들이 사용하기에 적합하지가 않았습니다.

2000년부터 상업용 버전이 발매된 Quest3D는 개발 회사가 있는 네덜란드뿐만 아니라 유럽의 각국 및 미국에서도 다양하게 활용되고 있습니다. 네덜란드의 한 회사는 Quest3D를 이용하여 선박을 운용하는 트레이닝 게임을 개발하여 북유럽 국가들의 해양청에 판매하고 있습니다. Quest3D를 이용하여 열차 운용을 훈련하는 프로그램도 개발되어 상용화되어 있고, 소방훈련, 각종 경찰 트레이닝 프로그램으로 활용하고 있습니다. 단순한 게임 수준의 트레이닝이 아니라 다양한 과학적 데이터를 집약한 데이터베이스를 연동하여 화재 시의 발화 물질에 따른 연기의 색과 연기의 흩어짐 등을 사실적으로 표현함으로써 소방 훈련생들이 어떤 소화 물질을 사용하여 화재를 진화해야 하는지, 교통사고 시 경찰들의 대처 방법 등이 자세히 나와 있습니다. 우리나라의 기업에서도 열차 및 전철 운용 애플리케이션을 Quest3D를 이용하여 제작하였습니다.

트레이닝 외에도 각종 상업용의 온라인 견적서 프로그램으로도 사용할 수 있습니다. 미국의 한 선박 회사는 고객이 원하는 요트의 디자인 및 컬러, 각종 실내 옵션을 마음대로 변경하여 볼 수 있도록 Quest3D를 이용한 소프트웨어를 개발하여 견적서까지 온라인으로 보낼 수 있는 시스템을 구축했습니다. 아파트나 콘도미니엄의 실내 옵션 변경, 가상 뮤지엄의 구축 등 그 사용 분야는 무궁무진합니다. 이와 같은 인터랙티브 미디어(interactive media)적 활용 이외에도 영화의 특수 효과에 사용되기도 합니다.

2. Quest3D 4.0의 활용 분야

각종 다양한 분야에서 사용되는 Quest3D의 실질적 활용에 대해서 좀 더 자세히 살펴 보겠습니다.

(1) VR Simulators

VR 시뮬레이션의 목적으로 자동차 시뮬레이션, 비행기 시뮬레이션, 선박 시뮬레이션, 열차 시뮬레이션 등이 있습니다.

[그림 1] Offshore Simulator Center, 노르웨이

노르웨이의 Offshore Simulator Center는 2005년 해병 및 해군 작전 수행을 연습할 수 있는 시뮬레이터를 제작하였습니다.

독일 베를린에 위치한 Pixvertex사는 테스트와 연구 및 시범에 활용할 수 있는 X-Ray 시뮬레이터 시스템을 만들었습니다. 실제 시스템의 입력

장비와 똑같은 시스템을 갖추고 있어서 실제 시스템을 이용하는 것과 같은 효과를 얻을 수 있고, 이동이 편리하기 때문에 전 세계 어느 전시회에도 쉽게 옮겨 전시할 수 있습니다. [그림 2]

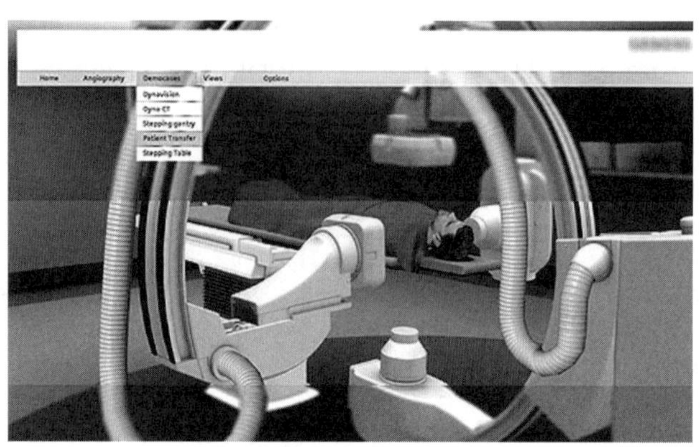

[그림 2] X-Ray 시뮬레이터, Pixvertex, 독일

네덜란드의 VSTEP사는 실제 선박과 똑같은 구조와 작동 원리로 배를 운용하는 게임을 만들어 판매하고 있습니다. 게임적 활용뿐만 아니라 시뮬레이터로서도 활용할 만큼 정교하게 제작되었습니다. [그림 3]

[그림 3] Ship Simulator 2008, VSTEP, 네덜란드

(2) Architecture

건축 조감도 제작 및 디자인 테스트를 할 수 있는 새로운 저작 도구로서
활용이 가능합니다.

[그림 4] Het Hof, Paladin Studios, 네덜란드

Het Hof는 네덜란드 탄생의 초석이 된 수도원으로, 1572년에 건립된
건축물을 전문가의 도움을 받아 네덜란드의 Paladin Studios에서 그 당
시 모습을 3D로 재현하였습니다.

[그림 5] 3D-Scapes사의 건축 시뮬레이션, 독일

고품질의 3D 렌더링과 애플리케이션을 제작하는 3D-Scapes사는 Quest3D를 이용하여 여러 가지 다양한 디자인을 하지만, 특히 오피스 및 건축 디자인을 주로 합니다.

[그림 6] 인테리어 비주얼, Cadesign Form, 덴마크

Cadesign Form은 덴마크 회사로 건축 시뮬레이션을 주로 만들며, 키친 디자인에 투자를 많이 하고 있습니다

(3) Training

트레이닝 분야에서는 매우 다양한 방향으로 사용될 수 있습니다. 특히 초보자들에게 일정 작업을 훈련시키는 트레이닝, 여러 명을 대상으로 한 트레이닝, 제품 제작 공정 트레이닝, 실제 상황과 같은 시나리오를 적용하여 화재 진압이나 사고 대처 등에 관한 트레이닝이 가능합니다.

[그림 7] 사고 현장 지휘 및 통제 트레이닝, E-Semble, 네덜란드

네덜란드의 E-Semble사는 다양한 상황의 사고 현장이나 화재 현장 시나리오를 만들어 소방관 및 경찰관, 응급 구조팀의 트레이닝에 활용할 수 있는 소프트웨어 패키지를 개발하여 판매하고 있습니다. 각 패키지는 판매되는 대상 국가에 따라 소방관의 제복이나 차량 및 기타 장비를 현지에 맞는 제품으로 현지화시켜서 판매하고 있습니다.

[그림 8] 보잉 757 조정석 트레이닝, DHL-EAT, 벨기에

벨기에 DHL사의 항공 서비스를 담당하는 EAT 항공사는 파일럿 훈련 프로그램을 만들어 비행 조종 훈련에 활용하고 있습니다. 이 훈련 시스템은 비용 절감뿐만 아니라 여러 상황에 대처할 수 있는 능력을 향상시켜주는 프로그램으로 좋은 평가를 받고 있습니다.

(4) Entertainment

게임 제작에 앞서 프로토타입을 만들어 보거나 교육 목적을 갖고 있는 에듀테인먼트(edutainment), TV 방송 그래픽 등에도 유용하게 사용할 수 있습니다.

[그림 9] Invisible Handlebar사의 Audiosurf, 미국

미국의 Invisible Handlebar사는 Audiosurf라는 음악을 게임에 접목시킨 애플리케이션을 만들었습니다. 이 게임은 독립 게임 페스티벌(indenpendent games festival)에서 상을 받기도 했습니다.

[그림 10] Tale of Teles사의 게임 The Endless Forest, 벨기에

Tale of Tales사의 The Endless Forest 게임은 여러 명이 동시에 접속해서 참여할 수 있는 온라인 게임으로 친구들과 플레이 할 수 있는 가상공간을 만들었습니다.

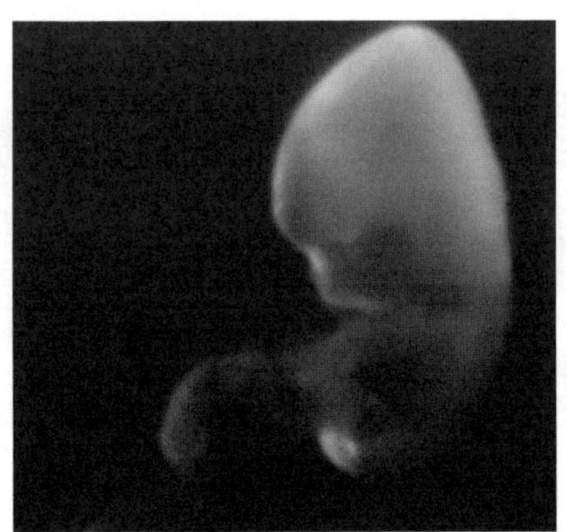

[그림 11] Interactive Cinema사의 영화 특수 효과, 캐나다

Quest3D는 시뮬이레션이나 게임 외에도 영화의 특수 효과에도 사용될 수 있습니다. [그림 11]의 이미지는 캐나다의 Interactive Cinema사가 만든 영화 〈Trapped Ashes〉라는 영화의 한 장면입니다. 이 영화에는 Matrix의 특수 효과를 담당했던 John Gaeta도 참여를 했습니다.

(5) 제품 디자인

제품 디자인에도 활용할 수 있습니다. 소비자가 원하는 옵션을 선택하여 실시간으로 적용할 수 있는 자동차 디자인이나 아파트 모델하우스 등에 사용되고 있습니다. 아래의 예는 네덜란드의 Paladin Studios에서 제작한 자동차 옵션을 변경할 수 있는 애플리케이션입니다.

[그림 12] Paladin Studios의 자동차 옵션 설정 프로그램, 네덜란드

위에 열거한 여러 종류의 시뮬레이션, 트레이닝 프로그램, 영화의 특수

효과, 게임 외에도 개발자의 의지에 따라 또 다른 애플리케이션을 만들 수 있는 가능성이 있는 프로그램이 바로 Quest3D입니다. 예를 들면, 선거의 개표 상황을 실시간으로 중계할 때도 사용할 수 있습니다.

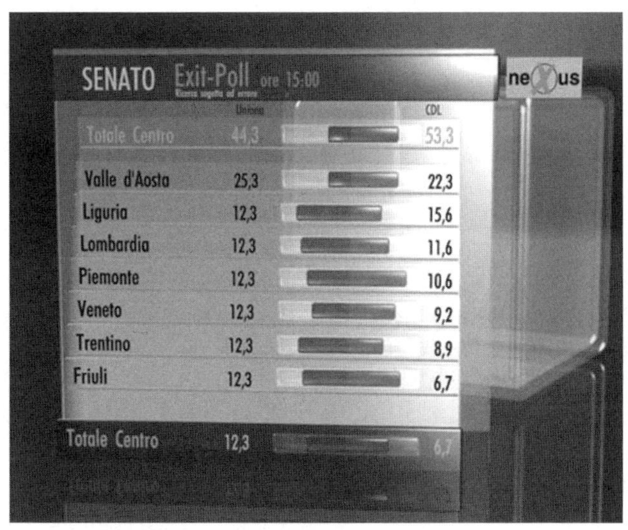

[그림 13] 이탈리아 실시간 선거 중계 방송

이탈리아의 Sigma Consulting Systems사의 2006년 이태리의 실시간 선거 방송에 Quest3D를 사용하였습니다. 이처럼 다양한 분야에서 활용할 수 있는 VR 애플리케이션 저작 도구는 Quest3D가 유일합니다.

3. Quest3D 4.0 설치

Quest3D 소프트웨어를 사용하기 위해서는 먼저 컴퓨터에 설치를 해야 합니다.

(1) 설치 환경

마이크로소프트 윈도우즈 98, ME, 2000, 또는 XP. Quest3D는 DirectX 9.0c를 사용할 수 있는 마이크로소프트 윈도우즈 환경에서만 사용할 수 있습니다. DirectX 9.0c를 사용할 수 없는 윈도우즈 NT와 95에서는 사용이 불가능합니다.

마이크로소프트 인터넷 익스플로러 (IE). 인터넷 익스플로러 버전 4.0 또는 그 상위 버전이 있어야 합니다. 인터넷 익스플로러가 없거나 버전이 낮은 인터넷 익스플로러가 설치되어 있다면, Quest3D가 제대로 작동하지 않을 수도 있습니다. 인터넷 익스플로러는 다음 주소에서 받을 수 있습니다.

http://www.microsoft.com/ie/

[그림 14] Microsoft Internet Explorer 7

마이크로소프트 DirectX 9.0c 또는 상위 버전. Quest3D는 OpenGL이 아니라 DirectX를 사용하여 채널과 프리뷰 씬을 만들기 때문에 DirectX 9.0c 또는 그 상위 버전이 반드시 설치되어 있어야 합니다. 최신 버전의 DirectX는 아래 주소에서 받을 수 있습니다.

http://www.microsoft.com/directx/

2008년 5월 현재 마이크로소프트사의 최신 DirectX는 버전 10입니다.

[그림 15] Microsoft DirectX 10

3D 가속 그래픽 보드. 최근에 판매되는 대부분의 그래픽 보드는 3D 가속 기능을 지원합니다. 자세한 기능 사항은 각 보드의 제조사 홈페이지를 참조하고 최신의 드라이버를 설치하기 바랍니다. Quest3D는 Matrox, nVidia, ATI, 그리고 3Dfx사의 다양한 종류의 그래픽 보드에서 성능 테스트를 했습니다.

(2) 주의 사항

● 마우스 포인터 그림자 사용

윈도우즈 2000이나 XP와 같은 특정 버전의 윈도우즈는 마우스 포인터 그림자 기능을 갖고 있는데, 이 기능이 켜져 있으면 마우스 커서의 뒤로 그림자가 생깁니다. 일부 3D 그래픽 카드에서는 이 기능 때문에 마우스 커서가 깜빡거리는 현상이 발생할 수 있으므로 이 기능을 끄기 바랍니다. 이 기능은 제어판에서 마우스 등록 정보 옵션을 열고 해제할 수 있습니다.

시작 〉 설정 〉 제어판

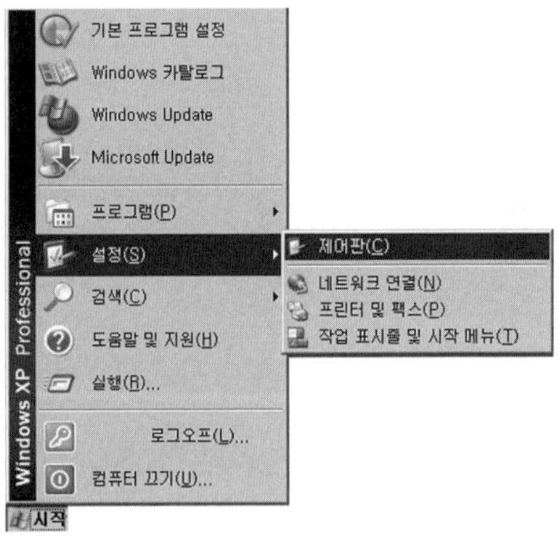

[그림 16] 시작 설정 제어판(classic 테마)

만일 윈도우즈 테마가 클래식이 아니라 XP라면, 아래 화면처럼 나옵니다.

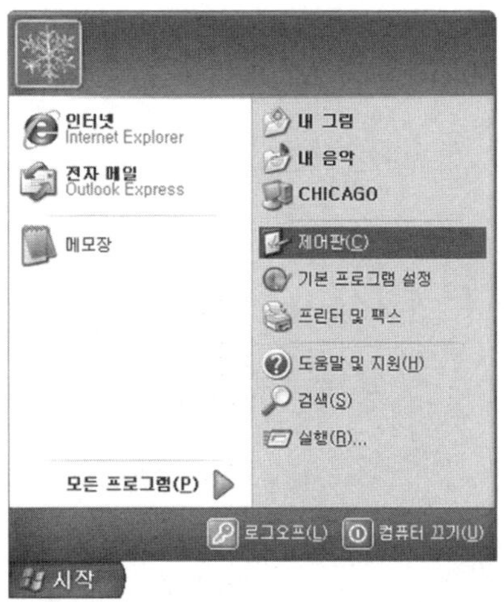

[그림 17] 시작 제어판 XP

제어판 〉 마우스 (마우스 등록 정보 윈도우가 뜹니다)

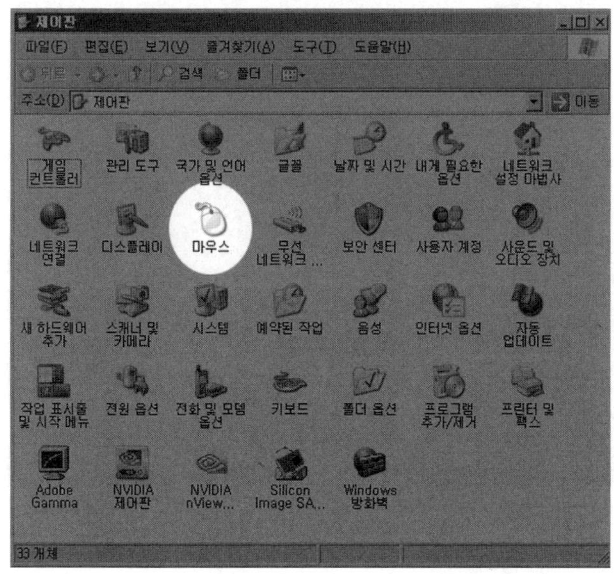

[그림 18] 제어판(classic 테마)

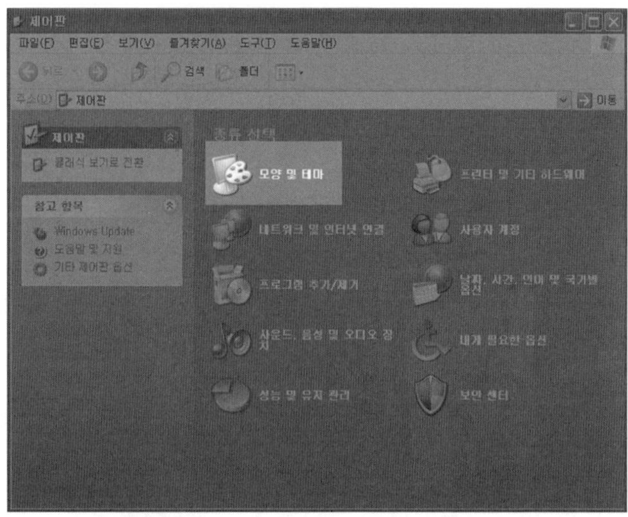

[그림 19] 제어판 XP

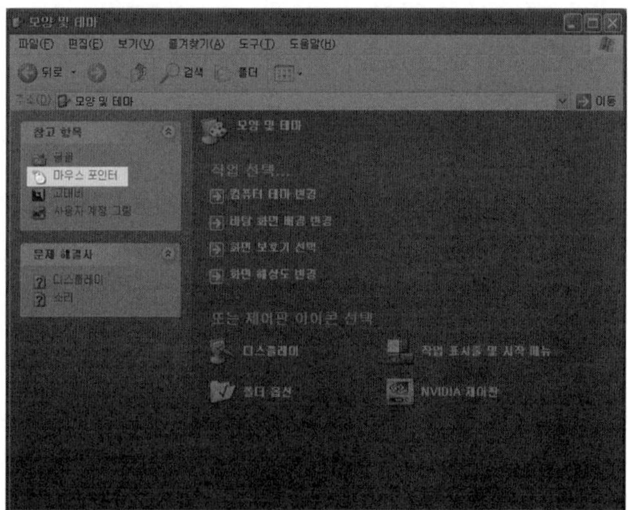

[그림 20] 제어판 XP 마우스포인터

마우스 등록 정보 윈도우가 뜨면 포인터 탭을 누르고 하단의 포인터 그림자 사용을 해제합니다.

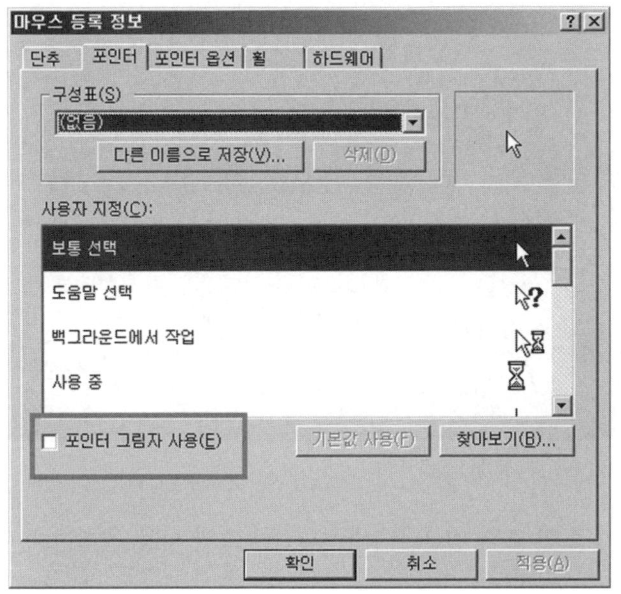

[그림 21] 마우스 등록 정보

● **전환 효과 (Transition Effects)**

윈도우즈의 버전에 따라 전환 효과가 켜져 있을 경우 원하지 않은 디스플레이 에러가 발생할 수 있으므로, 효과를 해제하고 Quest3D를 사용합니다.

제어판 〉 디스플레이 (디스플레이 등록 정보 윈도우가 뜹니다)

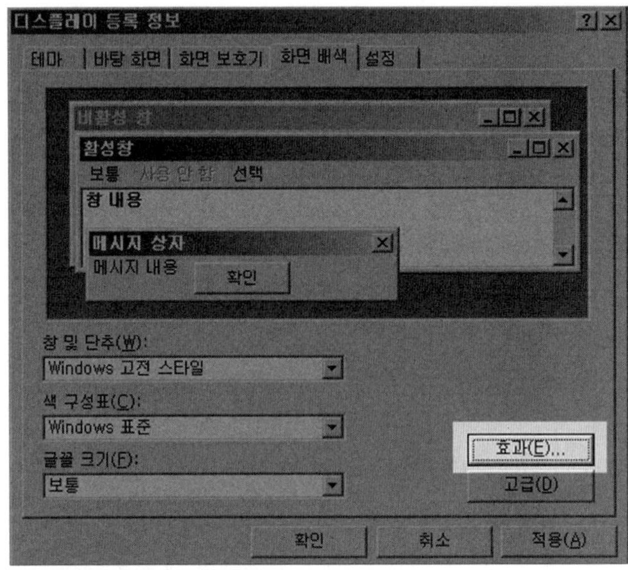

[그림 22] 디스플레이 등록 정보

윈도우가 뜨면 효과 버튼을 누른 후 전환 효과 사용 옵션을 해제합니다.

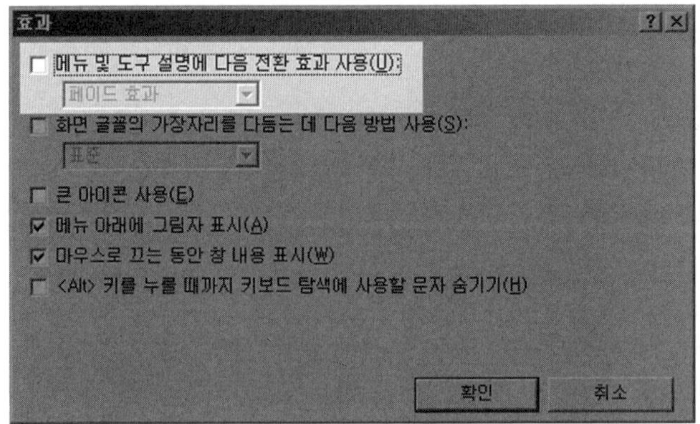

[그림 23] 트랜지션효과

(3) 설치 (Installation)

① Quest3D 시디롬을 드라이브에 넣거나 다운로드한 파일을 실행합니다. 만일 자동으로 시디롬이 실행되지 않는다면, 컴퓨터의 바탕화면의 내 컴퓨터를 더블 클릭해서 시디롬 아이콘을 더블 클릭합니다.

[그림 24] 내컴퓨터 아이콘

② 시디롬 구동 후에 나오는 인스톨 화면에서 Install Quest3D 옵션을 선택하거나 다운로드한 파일을 실행하면 아래와 같은 메시지 윈도우가 나옵니다. Next 버튼을 누르고 다음 단계로 진행합니다.

[그림 25] Installation

③ 프로그램 설치 폴더를 묻는 셋업 윈도우가 나옵니다. 원하는 특정 폴더가 있으면 Browse 버튼을 누르거나 직접 입력해서 폴더 위치를 정하고 Next 버튼을 누릅니다. 특정 폴더 위치를 원하지 않으면, Next 버튼을 누릅니다.

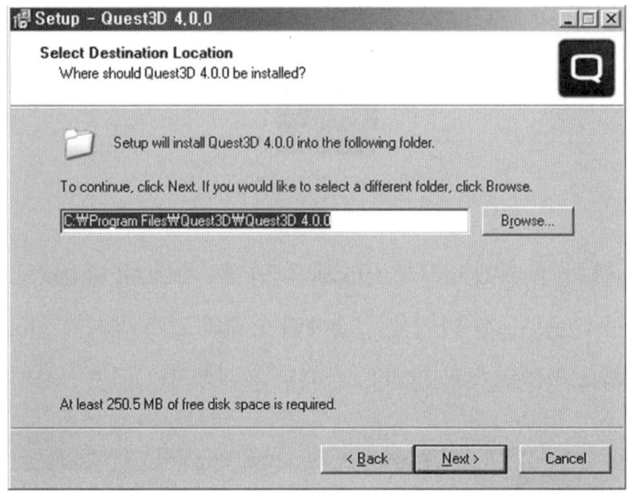

[그림 26] Installation 셋업 윈도우

④ 바탕화면(desktop)에 바로 가기 아이콘 생성에 관한 설정이 나옵니다. Next 버튼을 누릅니다.

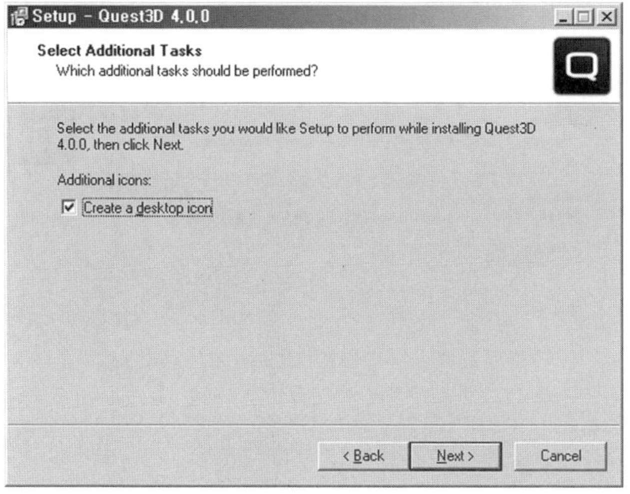

[그림 27] Installation 아이콘 생성

⑤ Install 윈도우가 나오면 Install 버튼을 클릭합니다.

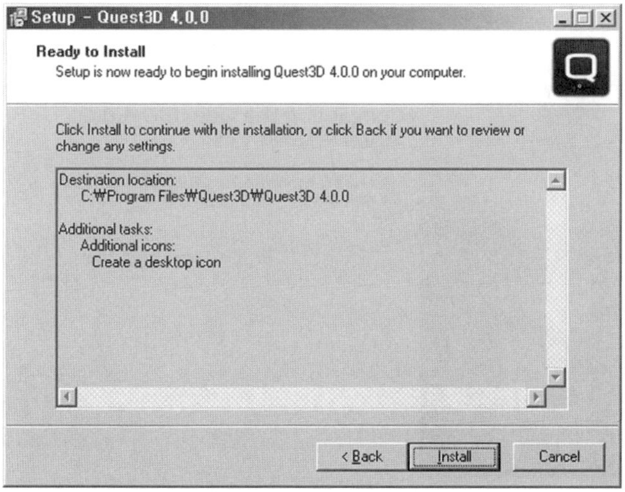

[그림 28] Installation

⑥ 설치 진행 상황이 표시됩니다.

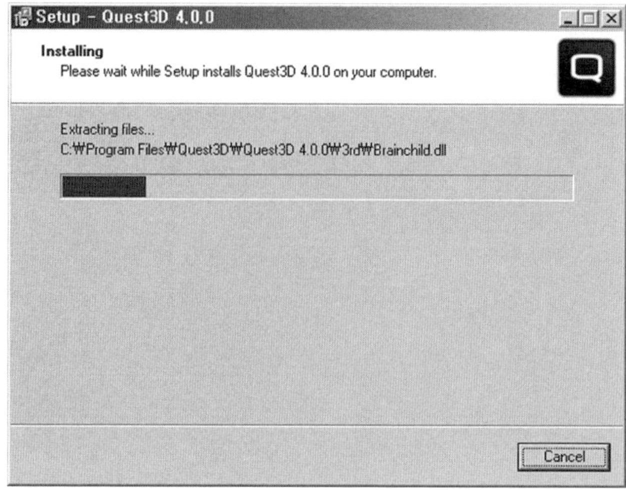

[그림 29] Installation 진행

⑦ 설치가 끝나면 아래와 같은 화면이 나옵니다. Finish 버튼을 누릅니다.

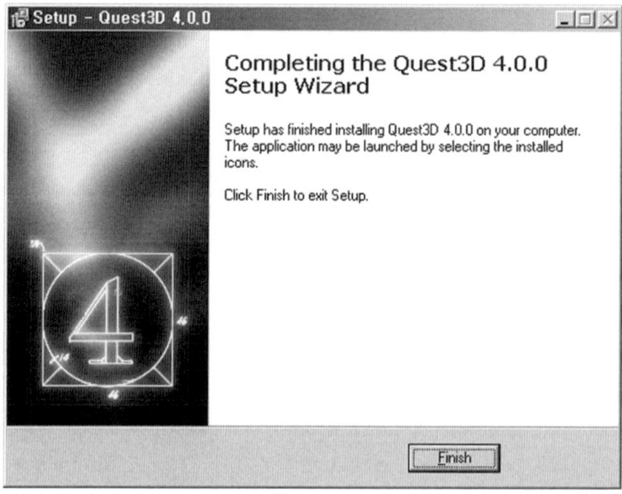

[그림 30] Installation 종료

⑧ 데스크 탑(desktop, 바탕화면) Quest3D 4.0 바로가기 아이콘이 생긴 걸 확인할 수 있습니다.

[그림 31] Desktop Icon

⑨ 아이콘을 더블 클릭해서 Quest3D 4.0을 실행합니다. 스플래시 화면이 나오고 이 화면은 키보드의 버튼을 누르거나 마우스 클릭을 하면 등록 번호를 묻는 창으로 바뀝니다.

[그림 32] @uedt3D Splash

제품 구매 시 받은 등록번호(registration code)를 입력하거나 기간제 데모 코드를 입력합니다. 일정 기간만 사용할 수 있는 데모 코드는 한국 총판인 (주)시지웨이브에서 받을 수 있습니다. 데모 코드는 일반적으로 30일 가량 Quest3D의 모든 기능을 사용할 수 있는 코드입니다. 등록번호

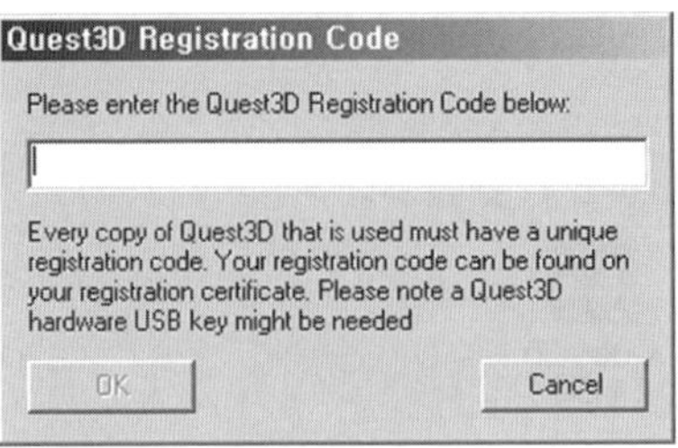

[그림 33] Registration Code

를 입력하지 않고 Cancel 버튼을 누르면, Publishing 과 Save 기능이 작동하지 않는 데모 버전으로만 사용할 수 있습니다.

⑩ 등록번호를 입력하면, 사용계약에 관한 문구와 소프트웨어 Activation에 관한 안내가 나옵니다.

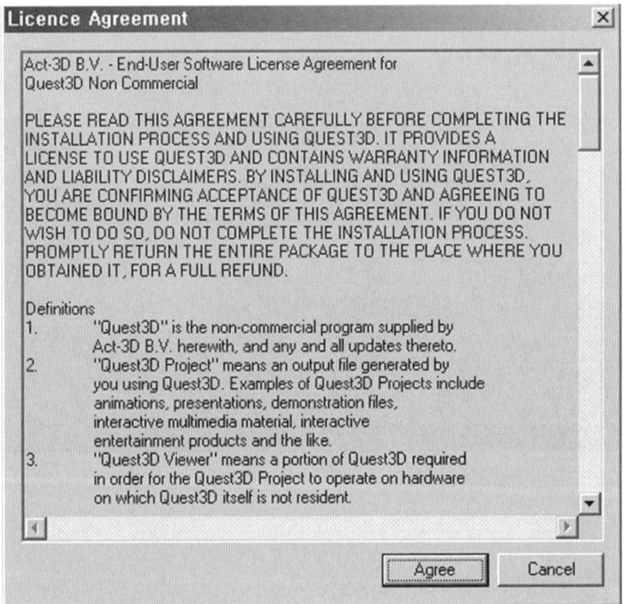

[그림 34] EULA

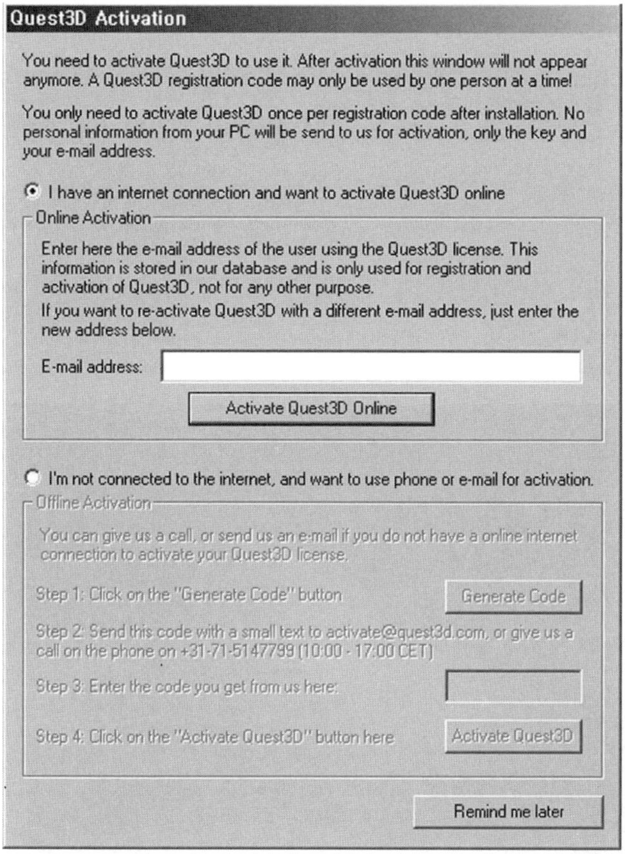

[그림 35] Activation

Activation 화면이 나오면 등록된 e-mail 주소를 입력하고, Activate Quest3D Online 버튼을 누릅니다. 만일 온라인 연결이 되어 있지 않은 시스템이면, 아래의 옵션을 선택하고, Generate Code 버튼을 눌러 코드를 생성하고, 이 코드를 activate@quest3d.com에 보내거나 전화로 코드를 전달합니다. 전화번호는 *국가 번호 31, 지역번호 71, 전화번호 514-

7799입니다. 전화나 메일로 받은 코드를 Step 3 옆의 빈칸에 입력하고 Activate Quest3D 버튼을 눌러 Activation을 합니다. 데모버전으로 사용할 경우 그냥 Remind me later 버튼을 눌러 통과합니다.

*네덜란드 본사로 CET(Central European Time) 10:00~17:00 사이에 전화를 걸거나, 한국총판인 (주)시지웨이브에 문의하기 바랍니다. (주)시지웨이브 02-575-6495.

프로그램이 시작되면 아래 그림과 같은 스플래시 이미지가 나옵니다. 이 이미지를 마우스로 클릭하면 Quest3D가 시작됩니다.

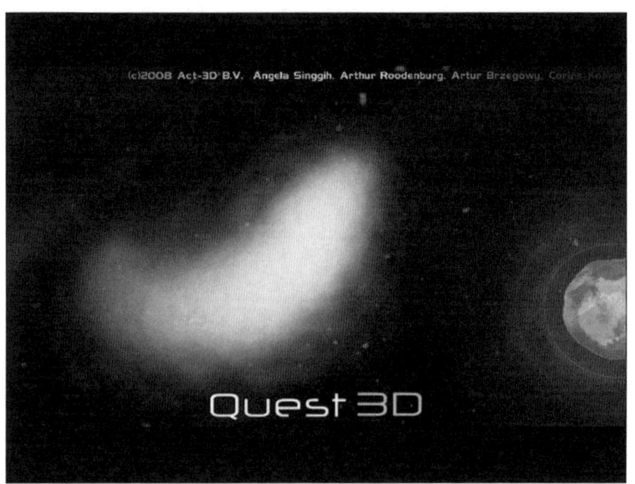

[그림 36] Flash

전체 프로그램 화면은 다음과 같습니다. 3.X 버전에 비해 크게 달라진 구성은 없습니다.

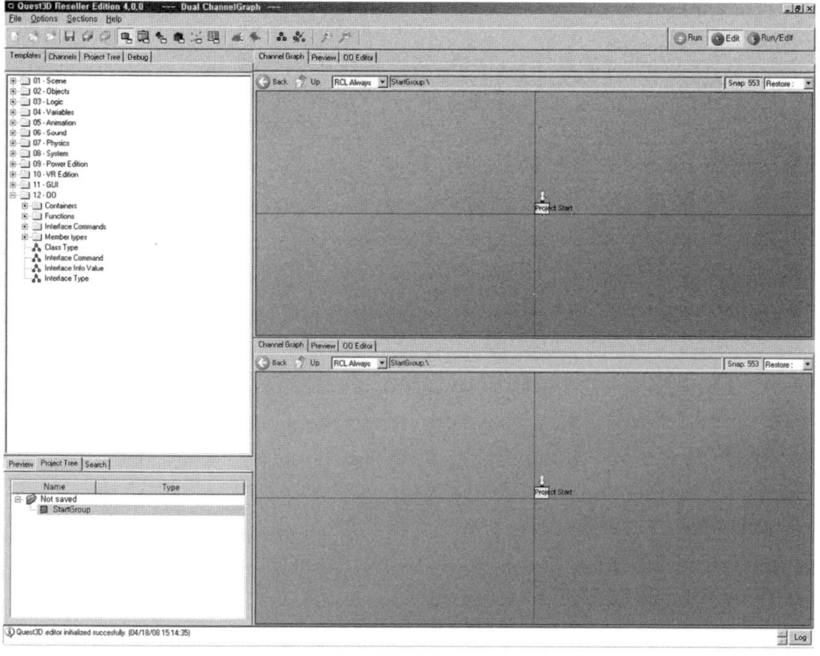

[그림 37] Quest3D 기본화면

4. Quest3D 4.0 달라진 점

(1) 시작 메뉴 폴더

Quest3D 3.x 버전까지는 소프트웨어를 설치하면 시작 메뉴 그룹이
Act-3D〉Quest3D 3.6.6이었으나 4.0부터는 Quest3D〉Quest3D 4.0.0
으로 바뀌었습니다. 아이콘도 사람 얼굴 모양에서 영문 Q의 모양으로 새
롭게 만들어졌습니다.

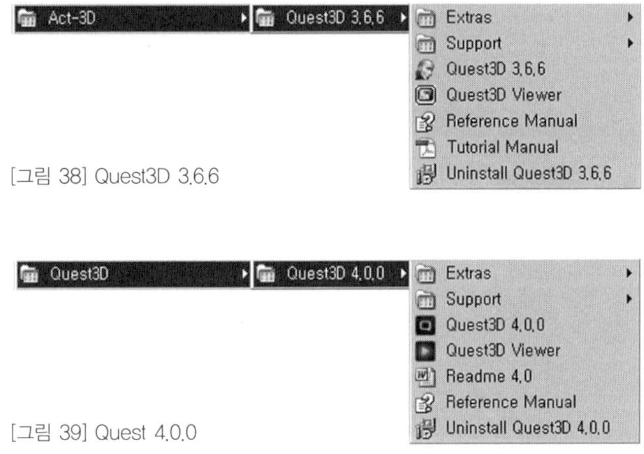

[그림 38] Quest3D 3.6.6

[그림 39] Quest 4.0.0

(2) 로고 및 스플래시 동영상

Quest3D의 로고도 그동안 사용했던 금색의 인체 모습이 삭제되었습니
다. 빨간색과 금색으로 이루어진 스플래시 화면도 파란색과 검정색 위주

의 새로운 디자인으로 바뀌었습니다.

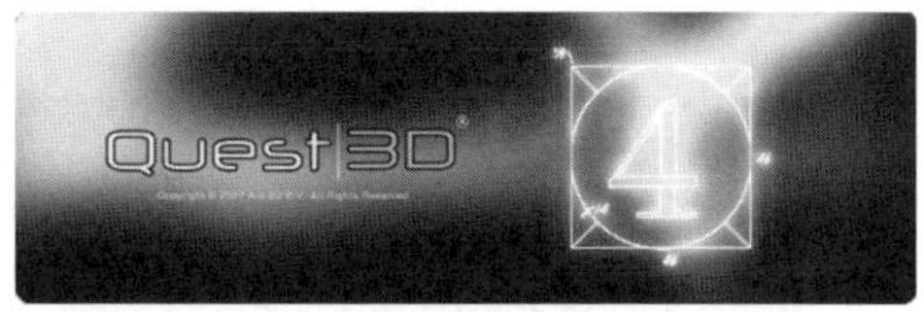

[그림 40] Logo 3.6.6   [그림 41] Logo 4.0

스플래시 화면 비교

[그림 42] Splsh 3.6.6

[그림 43] Splsh 4.0

다음 그림은 프로그램 실행 후 Help 메뉴의 About에 나오는 스플래시 동영상 화면입니다. 로고 이미지와 마찬가지로 황금색의 인체 모델링이 빠지고 컬러도 빨간색 계통에서 파란색 계열로 교체되었습니다.

[그림 44] About 3.6

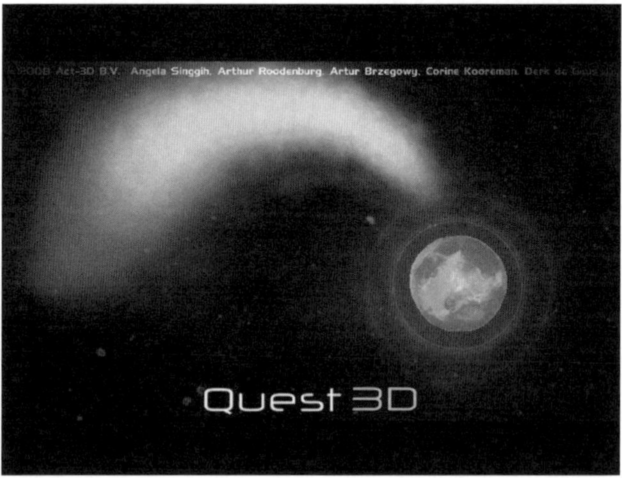

[그림 45] About 4.0

(3) 전체 화면 구성

전체 화면 구성도 바뀌었습니다. 아래는 비교 화면입니다.

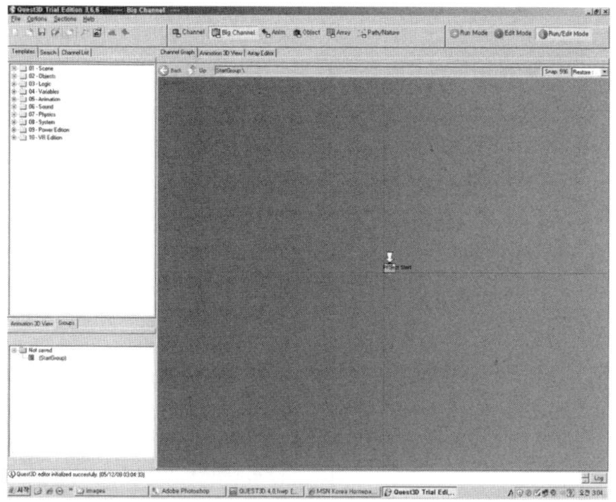

[그림 46] Quest3D 3.x

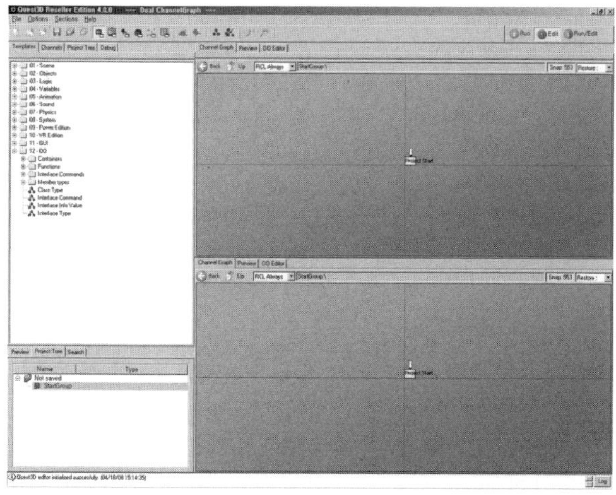

[그림 47] Quest3D 4.0

3.x 버전에서는 기본 시작 화면이 Big Channel이라는 하나의 화면으로 시작되었는데, 4.0 버전에서는 Dual Channel Graph로 두 개의 화면으로 나뉘어 시작합니다. 메뉴바의 구성도 약간 달라졌습니다.

● 템플릿 비교

3.x 버전보다 템플릿이 더 많아졌습니다. 왼쪽이 3.x 버전이고 오른쪽이 4.0 입니다.

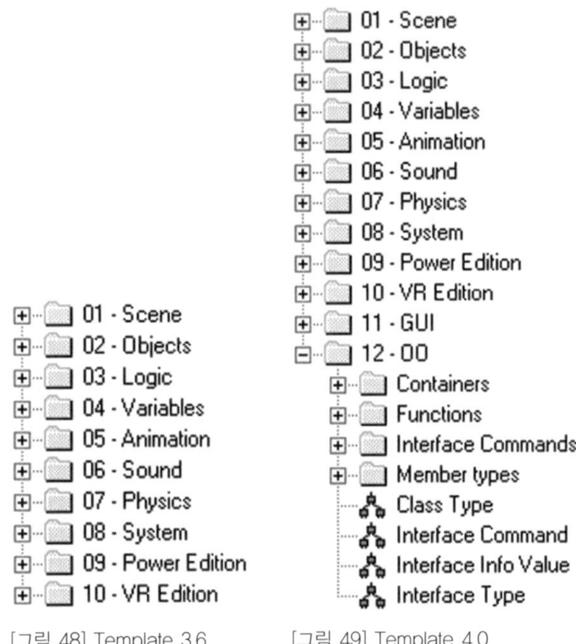

[그림 48] Template 3.6   [그림 49] Template 4.0

● 메뉴바

메뉴 아이콘 옆의 텍스트가 사라졌고, Select 버튼이 추가 되었습니다.

아이콘의 크기도 작아지고 Array 버튼이 없어졌습니다.

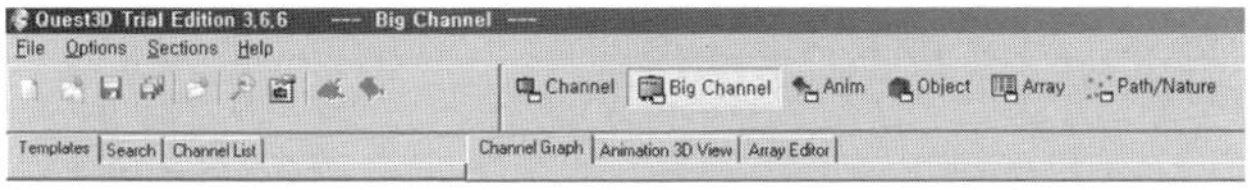

[그림 50] 메뉴바 3.6

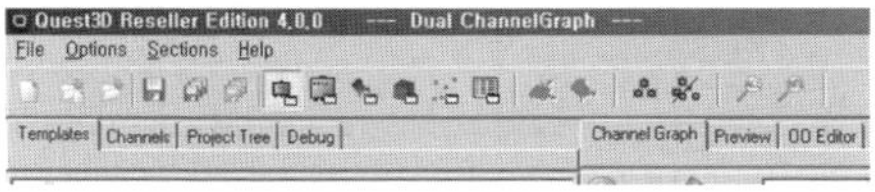

[그림 51] 메뉴바 4.0

(4) 새로운 기능

Creative Edition, Power Edition, VR Edition 등의 세 가지 에디션이
있어서 각 프로젝트에 알맞은 에디션을 선택하여 사용할 수 있습니다.

● 에디션 비교

가 격	Creative	Power	VR
교육용 버전 할인은 판매사와 상담	€ 1,249 (₩2,020,000)	€ 2,499 (₩4,040,000)	€ 9,999 (₩16,160,000)
일반 성능			
별도의 로열티 없음	∨	∨	∨
상업용 이용 라이센스	∨	∨	∨
포럼 액세스	∨	∨	∨
EXE 파일 퍼블리싱	∨	∨	∨
Web용 파일 퍼블리싱	∨	∨	∨
Install 파일 퍼블리싱	∨	∨	∨
스크린세이버 퍼블리싱	∨	∨	∨

일반 성능	Creative	Power	VR
3DS MAX 익스텐션	∨	∨	∨
개발 툴 킷	∨	∨	∨
렌더링 / 애니메이션			
HLSL 에디터/FX file	∨	∨	∨
*Collada 임포트**	∨	∨	∨
Nature Painting System	∨	∨	∨
옷감 렌더링	∨	∨	∨
군중 렌더링	∨	∨	∨
모션 플랜/패스파인딩	∨	∨	∨
Water 렌더링		∨	∨
파티클 시스템		∨	∨
애니메이션 블렌딩		∨	∨
하이 다이나믹 렌인지 렌더링		∨	∨
*GUI 렌더링**		∨	∨
스테레오 렌더링			∨
*기상 시스템**			∨
프로그래밍/스크립팅			
오브젝트 오리엔트 프로그램*	∨	∨	∨
LUA 스크립트	∨	∨	∨
FInite State Machine	∨	∨	∨
물리(Physics)			
ODE	∨	∨	∨
*뉴톤 게임 다이나믹**		∨	∨

*표는 Quest3D 4.0에 추가된 기능입니다.

Networking	Creative	Power	VR
다이나믹 로딩	∨	∨	∨
데이터베이스		∨	∨
멀티플레이어 네트웍		∨	∨
멀티 렌더링 네트웍 및 싱크			∨
Audio			
MP3	∨	∨	∨
*OGG**	∨	∨	∨
WAVE	∨	∨	∨
MIDI	∨	∨	∨
Input/Output Devices			
조이스틱	∨	∨	∨
포스 피드백	∨	∨	∨
*WiiMote**			∨
모션 트래커			∨
데이터 글로브			∨
시리얼 포트 커뮤니케이션			∨
소켓 커뮤니케이션			∨
필립스 *WOWvx 3D 모니터**			∨
CAVE 서포트			∨

*표는 Quest3D 4.0에 추가된 기능입니다.

● **오브젝트 오리엔트 프로그래밍 (Object Oriented Development)**

4.0 버전에서 가장 중요한 변화는 중 하나가 바로 오브젝트 오리엔트 프로그래밍입니다. C/C++, Java 등과 비교했을 때 훨씬 효율적인 프로그

래밍 환경을 제공해 줍니다. 이 기능은 모든 에디션에 공통으로 들어가 있습니다.

● GUI 시스템

애플리케이션에서 사용하기에 편리한 슬라이드 스위치나 에디트 박스, 리스트 컨트롤 등을 만들 수 있습니다.

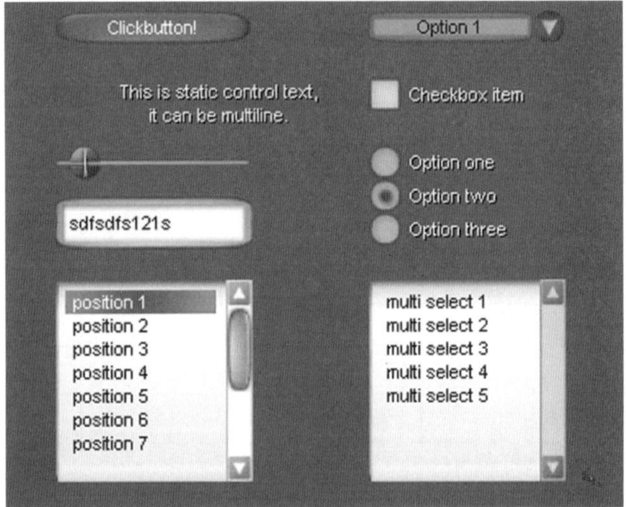

[그림 52] GUI 시스템

● COLLADA Support

COLLADA는 COLLAborative Design Activity의 약자로 인터랙티브 3D 애플리케이션의 호환 파일 포맷입니다. 파일 익스텐션으로 dae (digital asset exchange)를 사용하며 Collada로 익스포트 된 3D 모델은 Adobe Photoshop CS3에서 3D 모델처럼 돌려 다른 뷰를 볼 수도 있고

플래시에서는 컨트롤까지도 가능합니다.

● Weather System

이전 버전에서는 사용자가 채널을 조합해서 만들어 사용하던 기상 시스템이 기본으로 장착되어 3D Scene에 원하는 대로 날씨를 컨트롤해서 넣을 수 있습니다.

- 날짜와 시간의 입력으로 태양의 위치를 바꿀 수 있습니다.
- Timezone, 위도 및 경도를 입력하여 전 세계에 비추는 실제 태양의 위치를 맞출 수 있습니다.
- 세 종류의 구름 층과 종류를 입력할 수 있습니다.
- 비와 눈을 추가할 수 있습니다.
- 안개를 설정할 수 있습니다.
- 천둥과 번개가 추가되었습니다.
- 천둥과 비의 음향 효과도 줄 수 있습니다.
- 모든 컨트롤은 GUI 기반으로 되어 있어 조작이 간편합니다.

● OGG Support

MP3와 Wave 파일뿐만 아니라 OGG 파일도 플레이가 가능해졌습니다. 압축률에 비해 원음 재생도가 mp3보다 뛰어나다는 평가를 받고 있습니다.

● Newton Game Dynamics

"Newton for Quest"로 알려졌던 다이나믹 엔진은 이제 Newton

Game Dynamic이라는 이름으로 Newton Channel에 추가되었습니다.

● Motion Trackers

Quest3D 4.0 VR Edition은 ARTTrack과 WiiMote를 지원합니다.

■ ARTTracker http://ar-tracking.eu/

A.R.T 시스템은 독일의 트래킹 디바이스를 제작하는 회사에서 만든 추적장비로 적외선을 사용하여 사용자의 움직임을 캐치합니다. 트래킹 PC와 두 대 이상의 트래킹 카메라를 이용하여 최대 20개의 오브젝트를 동시에 추적할 수 있습니다.

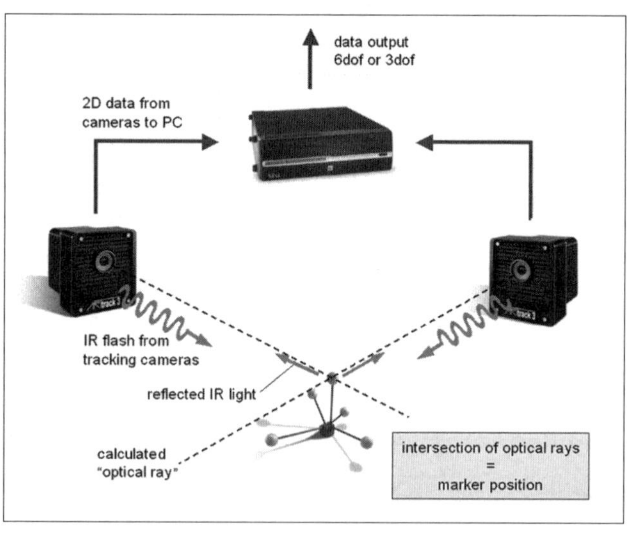

[그림 53] ARTTracker

■ WiiMote

닌텐도 Wii 게임기에 사용되는 WiiMote도 지원합니다.

닌텐도사의 콘솔 게임기인 Wii에 사용되는 리모트컨트롤러인 WiiMote를
Quest3D 애플리케이션에 연동하여 사용할 수 있습니다.

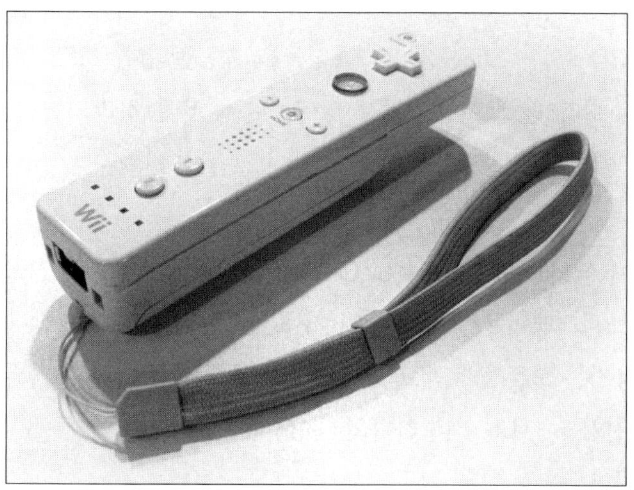

[그림 54] WiiMote

5. Quest3D 4.0 구성

(1) User Interface

Quest3D에서는 크고 강력한 특성들을 제공합니다. 프로그램이 여러 '섹션(sections)'으로 나뉘어져 있어, 모든 것이 정리되어 있습니다. Quest3D에서 가장 중요한 부분은 다음과 같습니다.

● 채널 섹션(Dual Channel Graph)은 Quest3D의 가장 중요한 부분입니다. 프로그램이 시작되면 제일 처음 나오는 부분이기도 합니다. 이곳에서 사용자는 모든 프로젝트의 기반을 만들게 됩니다. 단축키는 F2 입니다. 버전 3.x에서와 같이 하나의 Channel Graph 윈도우를 보려면 F3 를 누릅니다.

[그림 55] Channel Scetion Button

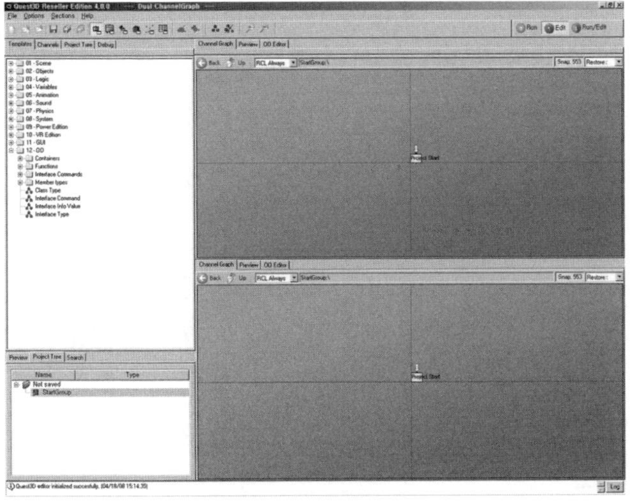

[그림 56] Channel Graph

● **애니메이션 섹션(Animation Section)**은 3D 오브젝트, 카메라, 조명, 애니메이션을 보여주는 곳입니다. 이곳에는 커다란 프리뷰(preview) 창이 있어, 프로젝트를 테스트하기에 좋습니다. 3.x 버전과는 다르게 모든 섹션 변환 버튼이 일반 메뉴 버튼 옆으로 옮겨졌고, 텍스트 레이블이 없어졌습니다. 단축키는 F4 입니다.

[그림 57] Animation Section Button

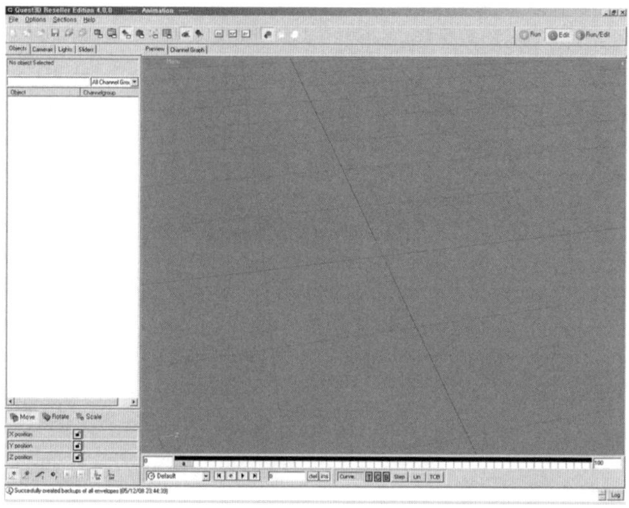

[그림 58] Animation Section

● **오브젝트 섹션**(Object Section)은 3D 오브젝트들을 다루는 곳입니다. Quest3D는 다양한 옵션으로 3D 오브젝트의 컬러나 텍스쳐 같은 특성을 바꿀 수 있습니다. 단축키는 F5 입니다.

[그림 59] Object Scetion Button

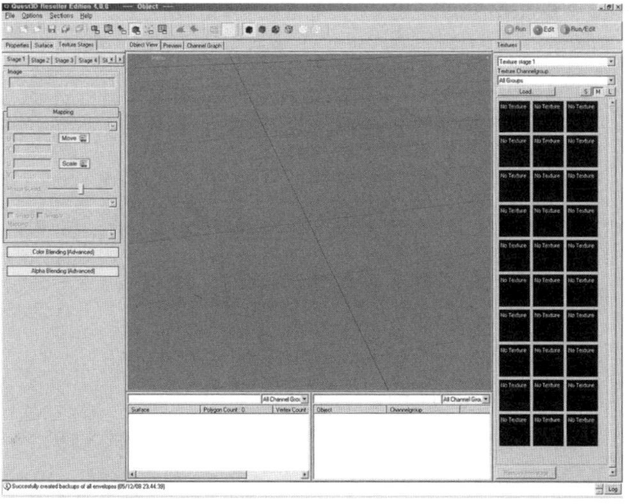

[그림 60] Object Scetion

> **[참고]**
>
> 참고로 기본 인터페이스는 사용자 편의에 따라 바꿀 수가 있습니다. 그
> 렇기 때문에 각 사용자에 따라 Quest3D 인터페이스 모양이 다를 수도
> 있습니다. 이 책의 모든 설명은 기본 인터페이스를 표준으로 하였습니
> 다. 좀 더 상세한 정보는 Reference Manual의 'Customization
> Chapter'에 수록되어 있습니다.

(2) File Menu

파일 메뉴는 프로젝트에서 불러오기와 저장하기의 옵션을 지원합니다.
이 메뉴 안에는 다른 프로그램에서 만든 3D 오브젝트를 불러오고
(import), Quest3D 프로젝트를 최종적으로 퍼블리싱(publishing) 하는

메뉴가 들어 있습니다.

● **뉴 프로젝트(New Project)** 옵션은 화면상의 모든 채널 그룹을 지우고, 새로운 프로젝트 공간을 만듭니다. 예제 연습을 하는 도중에 이 옵션으로 화면의 내용을 지울 수 있습니다. 이 메뉴는 Quest3D를 껐다가 다시 시작하는 것과 같은 효과를 나타냅니다.

● **프로젝트 열기(Open Project)**는 한 개의 채널 그룹, 또는 Quest3D의 다른 인터페이스를 갖고 있는 프로젝트 파일을 불러옵니다.

● **Save Group As**를 사용하여 한 개의 채널 그룹을 새로운 파일 이름으로 저장할 수 있습니다. 현재의 파일을 덮어 쓰려면, Save Group을 사용하면 됩니다. Save All 옵션은 전체 프로젝트를 저장하는 데 사용합니다.

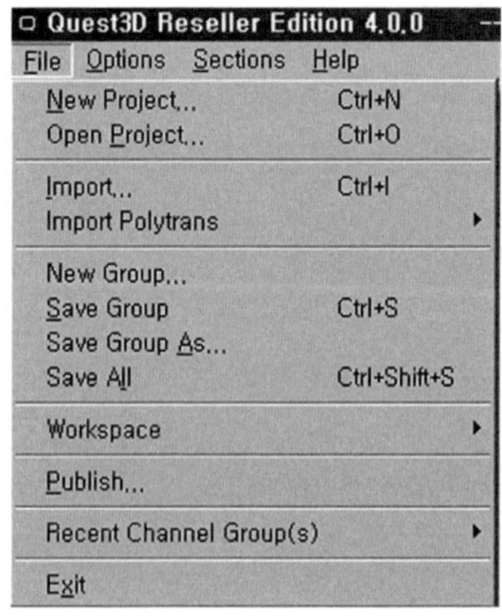

[그림 61] File Menu

(3) Options Menu

Quest3D 사용에 필요한 여러 가지 세팅을 하는 곳입니다.

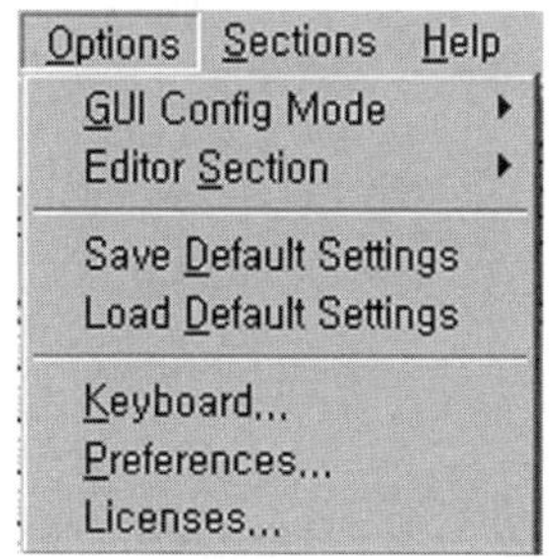

[그림 62] Options Menu

● **GUI Config Mode**는 On과 Off로 표시합니다.

● **Editor Section**은 Load Layout, Save Layout, Add New, Delete Current Section의 옵션을 갖고 있습니다.

● **Save Default Settings / Load Default Settings**는 현재 사용 중인 세팅의 저장과 로딩에 관한 옵션입니다.

● **Keyboard**는 Keyboard 키에 연결된 Shortcut 기능에 관한 설정이 들어 있습니다.

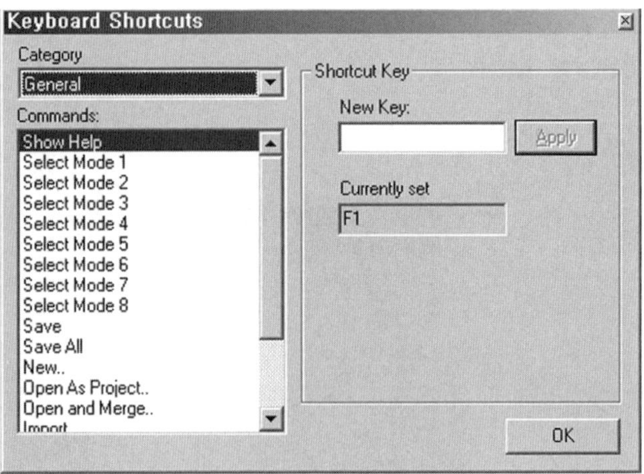

[그림 63] Keyboard Shortcuts(단축키)

● **Preferences**에는 Quest3D의 스플래시 동영상(splash screen), 로
그 파일(log file), Maximum Frame Rate, Help 파일의 표시, Recent
File List, Tablet 및 Touchscreen에 관한 설정과 Channels,
Animation, Object 섹션에 관한 설정이 들어 있습니다.

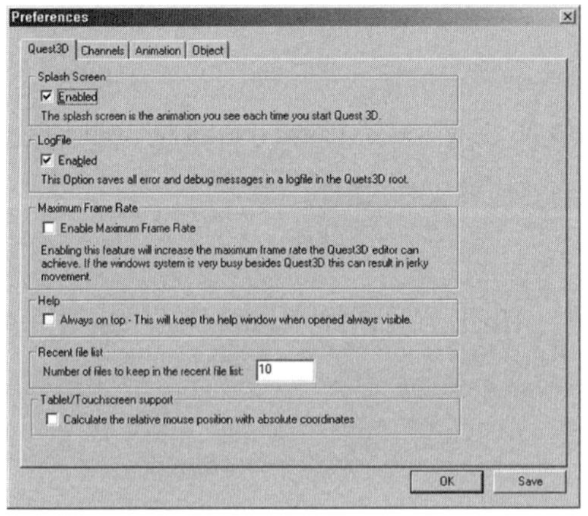

[그림 64] Preferences

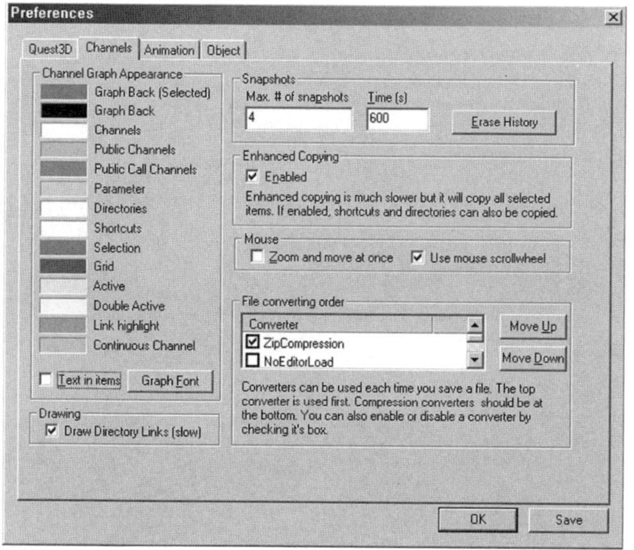

[그림 65] Preferences 〉 Channels

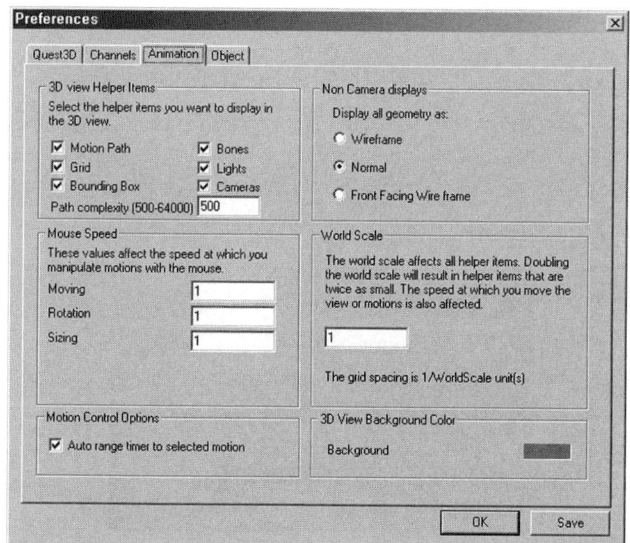

[그림 66] Preferences 〉 Animation

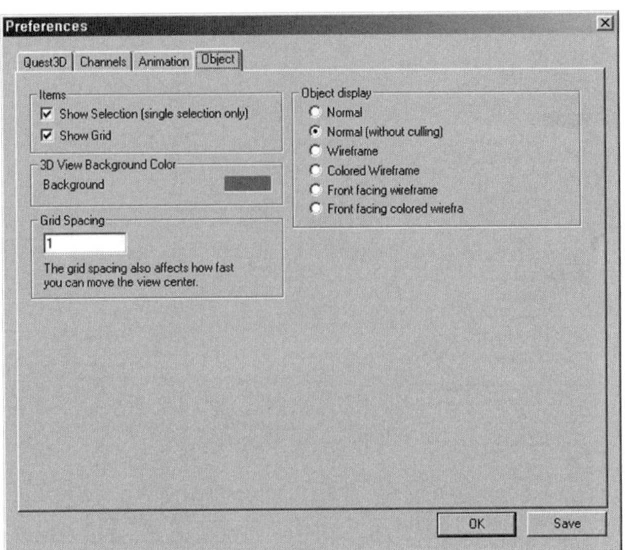

[그림 67] Preferences Object

(4) Sections Menu

Options에는 Quest3D 3.x 버전에서 Section이라고 불리던 각기 다른 기능의 화면 메뉴가 들어 있습니다. 메뉴에서 이 섹션을 변경해도 되고 키보드의 Shortcut 키 기능을 이용해도 됩니다. 또한 메뉴 툴바의 아이콘을 클릭해서 바꿀 수도 있습니다.

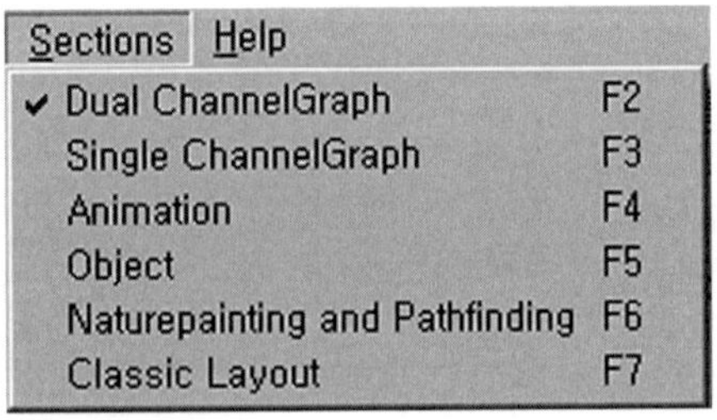

[그림 68] Sections Menu

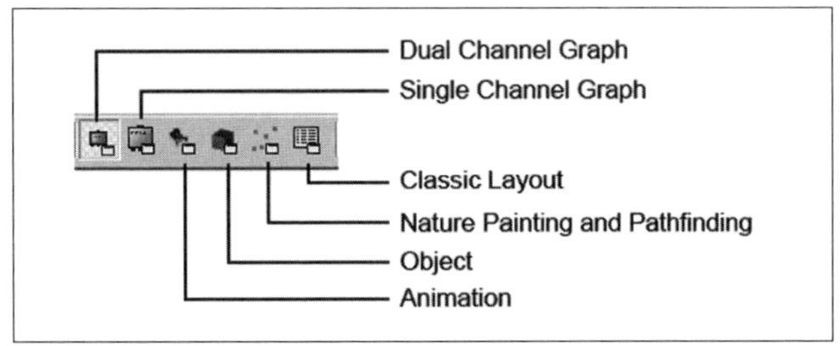

[그림 69] Sections Toolbar

● Dual Channel Graph

노드 트리를 구성하는 파란 화면이 위 아래 두 개로 나뉘어져 나옵니다.
Quest3D 4.0을 시작하면 디폴트(default)로 나오는 화면입니다.

● Single Channel Graph

노드 트리를 구성하는 파란 화면이 하나만 나옵니다. 버전 3.x까지는
이 화면이 디폴트 화면이었습니다.

● Animation

회색 바탕의 그리드(grid)가 있는 화면에 3D 오브젝트를 표시합니다.
좌측 탭을 통하여 오브젝트의 Move, Rotate, Scale을 조절할 수 있고, 카
메라, 라이트, 오브젝트 재질 등을 조절할 수 있습니다.

● Object

Animation의 회색 바탕화면과 같은 디스플레이가 나옵니다. 이 섹션
에서는 오브젝트의 텍스쳐 및 알파(투명도) 밸류를 조절할 수 있습니다.

61

● Nature Painting and Pathfinding

나무를 심거나 패스파인딩 패스를 설정합니다.

● Classic Layout

Preview 창과 Channel Graph 창이 동시에 나옵니다.

(5) Help Menu

● About

스플래시 동영상이 나옵니다. 동영상 상단에는 Quest3D 제작에 참여
한 사람들의 크레딧이 나옵니다.

[그림 70] About 스플래시 동영상

● Help Index

Tutorial 파일, Channel 리스트, 레퍼런스 매뉴얼, Quest3D 4.0의 새로운 기능 및 예제들이 들어 있습니다. 프린트해서 매뉴얼 대신에 사용할 수도 있습니다. 바로 가기 Shortcut은 F1 입니다.

● Tutorial Manual

튜토리얼과 비디오 튜토리얼 및 온라인 튜토리얼도 링크되어 있습니다. Printed Tutorials의 대부분의 내용은 3.x 버전의 내용에서 업데이트가 되어 있지 않습니다. Examples만 4.0 버전에 맞게 추가되어 있습니다.

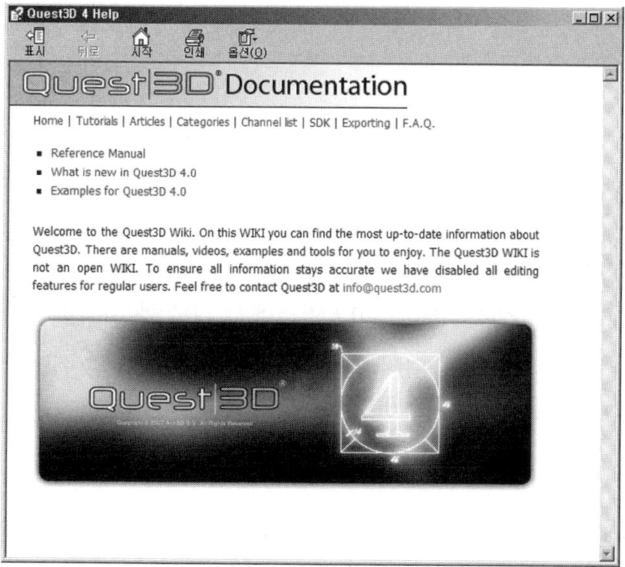

[그림 71] Help Index(F1)

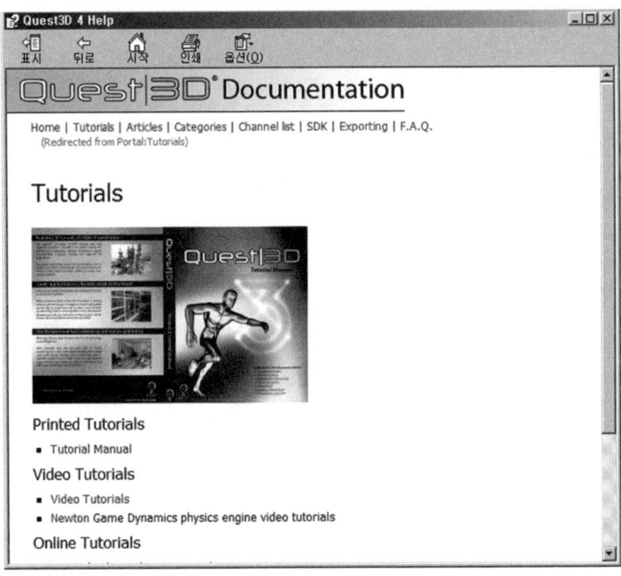

[그림 72] Tutorial Manual

(6) 탭 (Tab)

Quest3D에는 많은 윈도우들이 있는데, 그 윈도우를 이동하는 것이 바로 탭(tab)입니다. 탭은 서류철이나 파일에서 위로 볼록하게 나와 있는 부분으로 제목 등을 써 넣게 되어 있습니다. 윈도우즈 프로그램의 탭은 윈도우 윗 부분의 볼록한 부분으로 모든 윈도우즈용 프로그램에서 공통적으로 사용되는 명칭입니다. 채널 섹션에서 중요한 것이 바로 'Tamplates', 'Channels', 'Project Tree', 'Debug' 탭입니다.

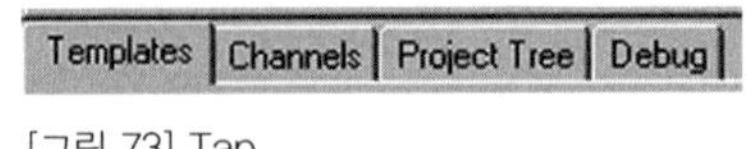

[그림 73] Tap

(7) 로그바 (Log Bar)

이 안내창을 통하여 현재 작업중인 프로젝트의 기본적인 정보와 추가
적인 내용을 볼 수 있습니다. Log 버튼을 누르면, 프로그램을 시작했을
때부터 지금까지의 모든 작동 내용(history)을 볼 수 있습니다.

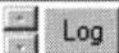

[그림 74] Log Bar

(8) 채널 그래프 (Channel Graph)

Channel Graph는 채널의 구조를 만드는 곳입니다. Quest3D 프로그
램은 빌딩 블록(building block)으로 이루어져 있는데, 이 빌딩 블록들 하
나 하나를 채널(channel)이라고 부릅니다. 아래 그림이 Quest3D 채널입
니다.

[그림 75] Block(채널)

(9) 채널 그룹 (Channel Group)

아래의 그림은 작은 채널들의 그룹입니다. 채널의 구조를 채널 그룹
(channel group)이라고 합니다.

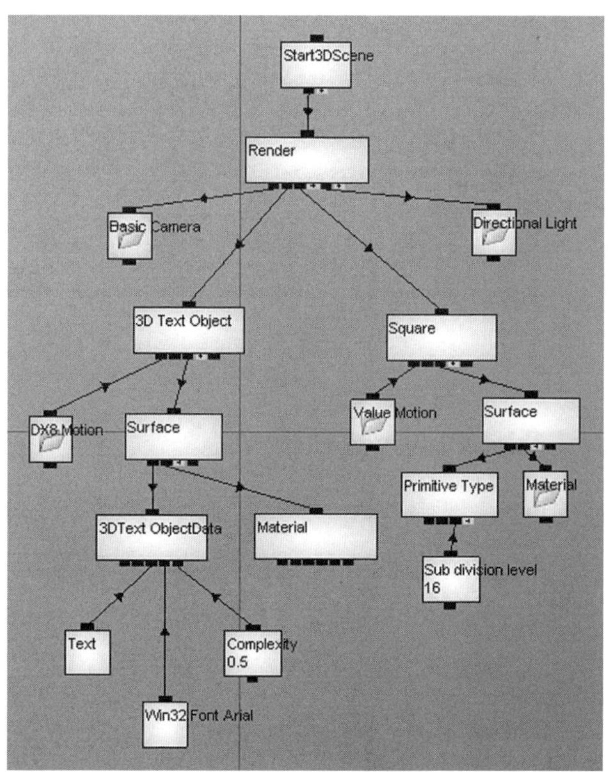

[그림 76] Channel Group

위의 그림에 나온 Channel Group는 화면에 "3D Text!"라는 3D 글씨
와 네모난 평면 하나를 보여줍니다. 이 채널 그룹은 Template에 있는 디
폴트(default) 채널 그룹 중 하나인 Simple Scene입니다. 폴더 모양의 블
록은 하위의 다른 여러 개의 채널을 포함하고 있습니다. 폴더 안의 채널들
을 보려면, 폴더 그림이 있는 채널을 더블 클릭합니다. 다시 폴더로 묶으
려면 Folder Up이라는 채널을 더블 클릭합니다. 또는 폴더 채널을 선택한
후 키보드의 스페이스 바를 누릅니다. 다시 폴더로 묶으려면, Folder Up

채널을 선택하고 스페이스 바를 누릅니다.

첫 번째 그림은 위의 Simple Scene의 오른쪽 부분에 있는 Directional Light 채널이고 그 옆은 Directional Light 채널을 더블 클릭해서 펼친 내용입니다.

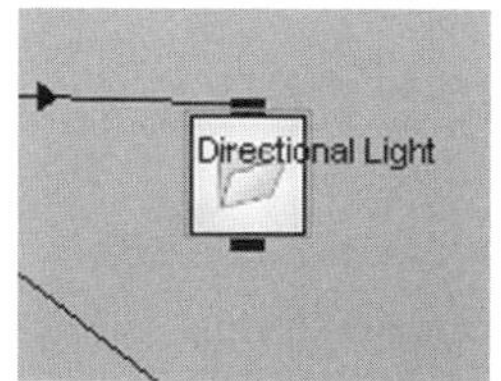

[그림 77] Directional Light

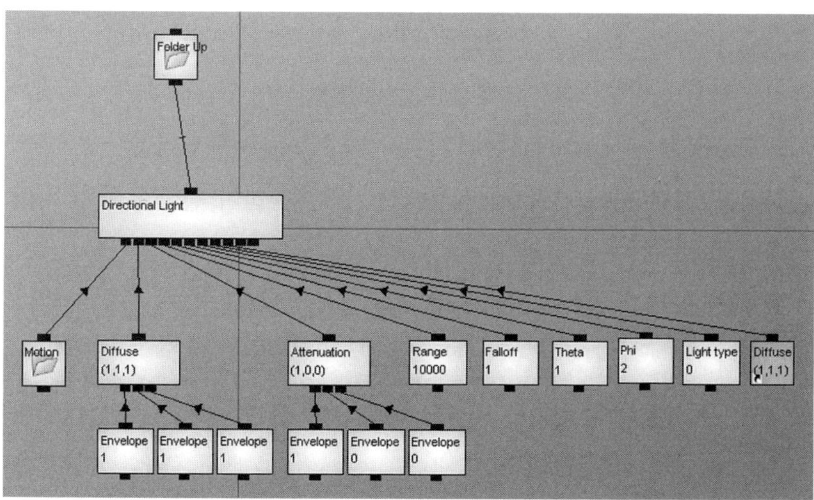

[그림 78] Directional Light Expanded

(10) 프로그램에 채널 추가

화면의 왼쪽에 보이는 Templates 탭 안에는 Quest3D에서 사용되는 모든 기본 채널들이 포함되어 있습니다. 이 템플릿에 있는 내용을 Channel Graph에 추가하려면, 마우스로 클릭해서 Channel Graph 화면으로 드래그 합니다. 드래그(dragging)는 마우스의 왼쪽 버튼을 누른 상태에서 마우스 커서를 새로운 위치로 움직인 후 왼쪽 버튼을 놓는 것을 말합니다.

● 일반적인 마우스의 사용

LMB(Left Mouse Button) : 왼쪽 마우스 버튼을 의미합니다.

MMB(Middle Mouse Button) : 가운데 마우스 버튼을 의미합니다. 요즘의 일반적인 마우스들은 가운데 버튼이 휠로 되어 있습니다.

RMB(Right Mouse Button) : 오른쪽 마우스 버튼을 의미합니다.

마우스 커서 옮기기(position) : 마우스를 이용하여 원하는 화면 속의 위치에 마우스 커서를 옮깁니다.

클릭(click) : 왼쪽 마우스 버튼(LMB; Left Mouse Button)을 눌렀다 놓습니다.

더블 클릭(double click) : 왼쪽 마우스 버튼을 빠르게 두 번 반복하여 누릅니다.

마우스 드래그(dragging the mouse) : 왼쪽 마우스 버튼을 누른 상태에서 마우스를 움직입니다.

아이템 선택(selecting an item) : 마우스 커서를 원하는 아이템 위에 놓고, 왼쪽 마우스 버튼을 클릭 합니다.

● 채널 그래프에 채널 추가하기

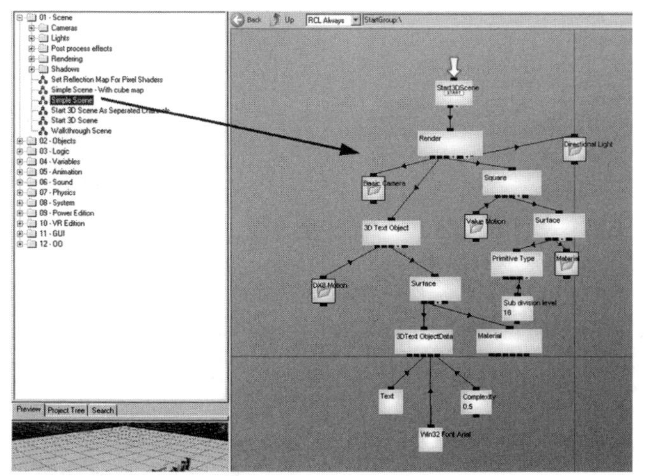

[그림 79] Add Channel

(11) 템플릿(Templates)

템플릿은 미리 정의되어 있는 채널, 또는 채널의 그룹입니다. 템플릿을
사용하면, 여러 개의 필요한 채널들을 모아 놓은 그룹으로 작업하기 때문
에 작업 시간을 단축할 수 있는 장점이 있습니다. 템플릿은 채널처럼 드래
그해서 추가할 수 있습니다.

아래의 예제를 보면, Vector 템플릿이 채널 그래프에 추가된 것을 볼
수 있습니다. Vector 템플릿은 네 개의 채널들로 구성되어 있습니다. 각
각의 채널은 숫자 입력값을 가질 수 있습니다.

● 채널 그래프에 템플릿 추가하기

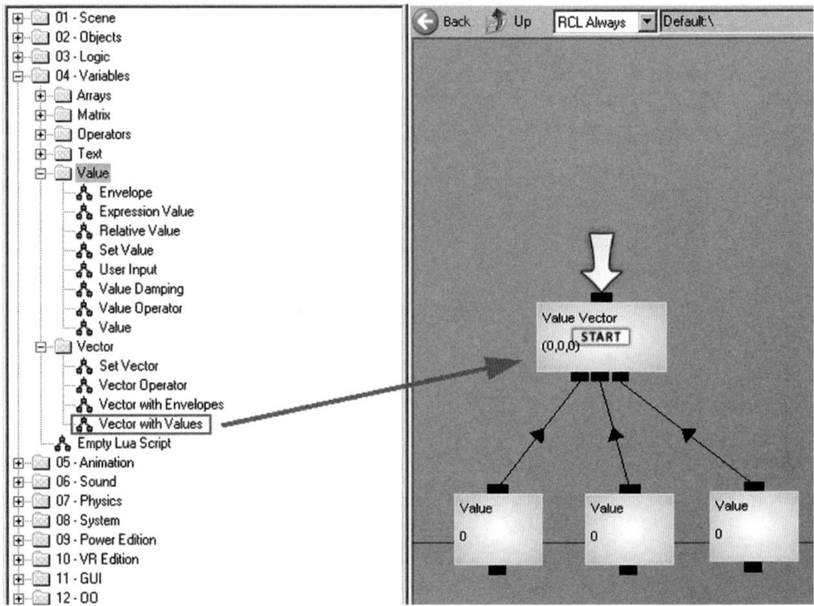

[그림 80] Template 추가하기

연습 
Quest3D User Interface

01 시작 버튼을 누르고 프로그램 > Quets3D > Quest3D 4.0.0 > Quest3D 4.0.0을 클릭해서 Quest3D 4.0을 시작합니다. 바탕화면에 있는 아이콘을 눌러도 됩니다.

바탕화면 아이콘

[그림 81] Desktop icon

02 화면에 두 개의 채널 그래프(dual channel graph)가 열려 있습니다. 3.x 버전에서는 한 개의 Channel Graph가 기본적으로 열렸지만, 4.0 버전부터는 두 개가 기본으로 열립니다. 이 Channel Graph가 실제 프로그램을 만드는 곳입니다. 여기에 Channel이라고 부르는 블록 같이 생긴 것을 드래그 해서 사용합니다.

03 메뉴바에서 Sections 〉 Animation을 선택합니다. 아니면 F4 를 누르거나 툴바에서 Animation 아이콘을 누릅니다. 화면이 Animation 섹션으로 바뀝니다.

04 툴바에서 Object 버튼을 클릭해서 Object 섹션으로 바꿉니다.

05 화면 왼쪽에 있는 탭을 눌러 봅니다. Properties Tab을 눌러 봅니다. 이 탭은 오브젝트의 Material과 Shader 특성을 바꾸는 탭입니다.

06 옆에 있는 Surface Tab을 누릅니다. 이 탭은 오브젝트의 텍스쳐 블렌딩과 투명도를 조절합니다.

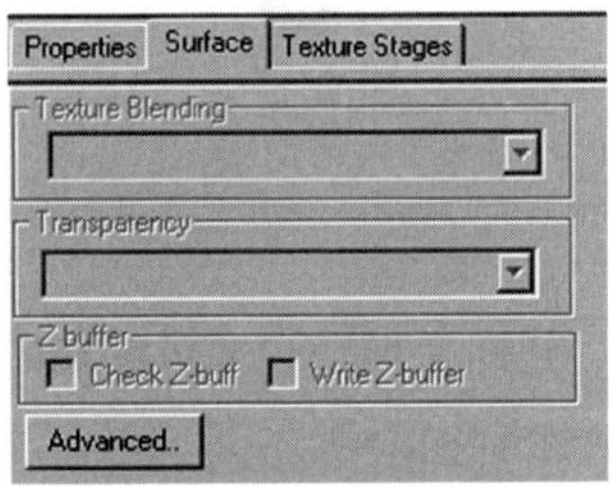

[그림 82] Surface Tab

07 툴바에서 Single Channel Graph를 눌러서 섹션을 변경합니다. Dual Channel Graph가 편한 User는 Dual Channel Graph 버튼을 누릅니다.

[그림 83] Single Channel Graph 버튼

[그림 84] Dual Channel Graph 버튼

화면의 파란 바탕인 부분을 Channel Graph라고 부릅니다. 처음 Quest3D를 시작하면 화면에 Project Start라는 채널이 기본으로 나타납니다.

08 채널 그래프에서 마우스 사용

채널 그래프 화면에서 마우스 왼쪽 버튼을 눌러서 채널을 선택하면 채널 주변에 빨간색 박스가 생깁니다. 여러 개의 채널을 선택하려면 왼쪽 마우스 버튼을 누른 상태에서 선택하려는 채널들을 가운데 두고 드래그해서 박스를 그리면 박스 안에 들어간 채널들을 모두 선택할 수 있습니다.

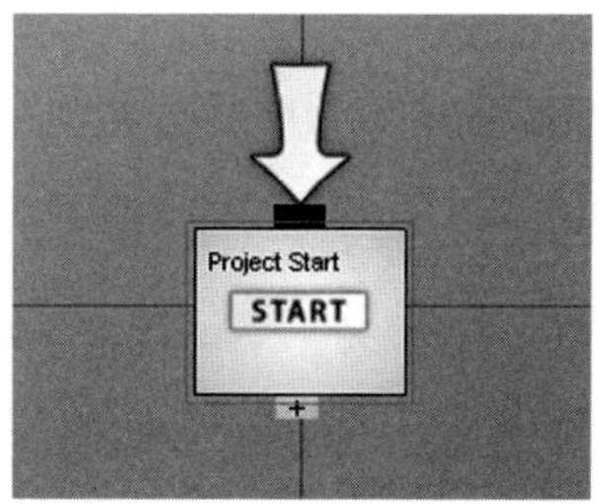

[그림 85] 선택된 채널

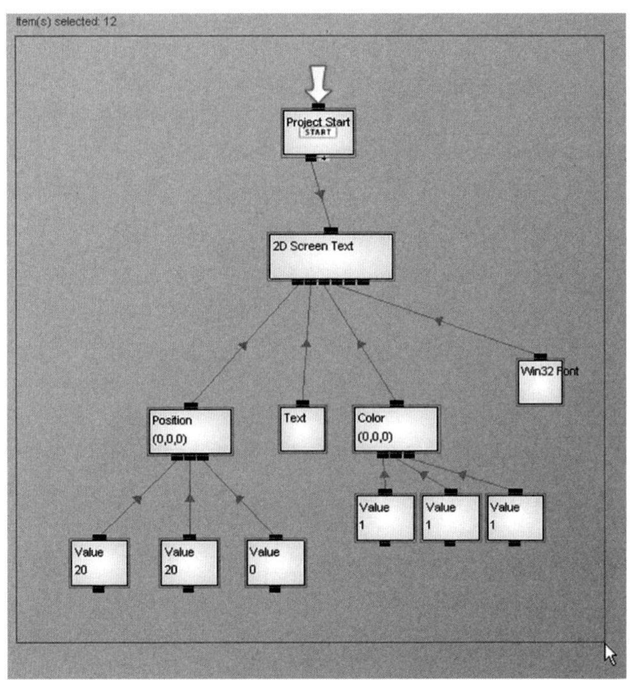

[그림 86] 여러 개의 채널을 동시에 선택

　왼쪽 마우스 버튼으로 채널을 선택하고 버튼을 누른 상태에서 마우스를 움직이면 선택된 채널이 따라서 움직이게 됩니다. 마우스의 가운데 휠을 움직이면 화면 확대 및 축소(zoom-in/out)가 됩니다. 가운데 버튼을 누른 상태에서 마우스를 움직이면 채널 그래프 화면을 움직일 수 있습니다. 오른쪽 마우스 버튼을 누르면 채널과 관련된 옵션이 나옵니다. 항상 어떤 프로젝트를 만들면 가장 상위의 채널 또는 원하는 채널에 Set as Start Channel 기능을 부여해 주어야 프로젝트가 작동하게 됩니다.

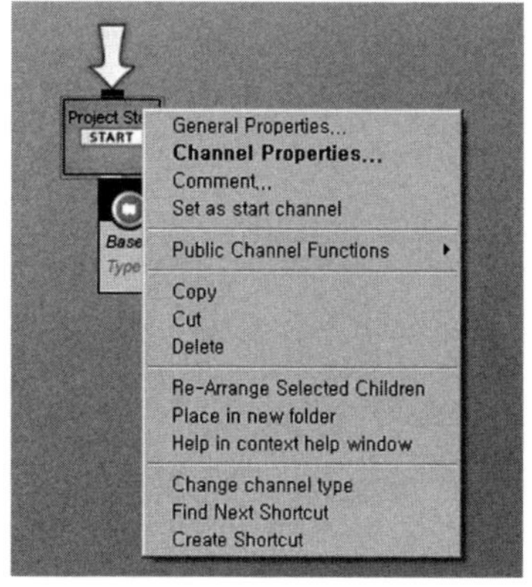

[그림 87] 오른쪽 마우스 버튼 옵션

채널과 채널을 연결하는 선도 선택이 가능합니다. 연결을 끊기 위해서는 선을 선택하고 키보드의 Delete 키를 누릅니다.

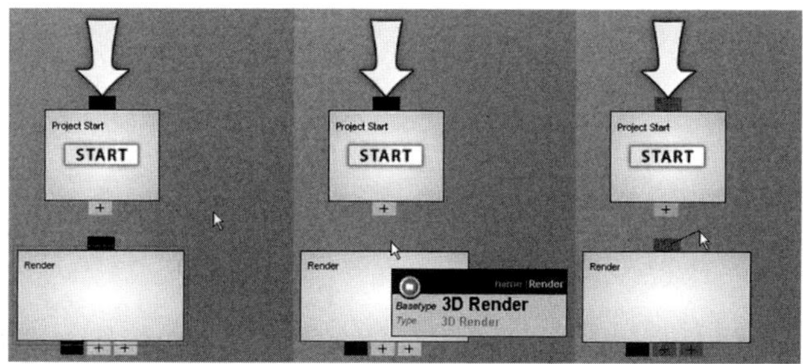

[그림 88] 채널 선택 및 연결

[그림 88]은 채널 선택 및 링크 스퀘어(link square)에 관한 설명입니다. 왼쪽 이미지는 Render라는 채널이 선택된 모습을, 가운데는 링크 스퀘어에 마우스 포인터를 가져갔을 때 채널에 대한 설명이 나오는 윈도우를, 그리고 마지막 이미지에서 연결하려는 링크 스퀘어를

클릭해서 드래그하면 연결할 수 있는 링크 스퀘어는 녹색으로 표시되고, 연결이 안 되는 링크 스퀘어는 빨간색으로 표시가 되는 모습을 각각 나타냅니다.

각 채널 간의 연결은 반드시 링크 스퀘어끼리 연결해야 합니다. 만일 채널을 클릭해서 드래그하면 Quest3D가 임의로 가장 가까운 링크 스퀘어를 연결대상으로 선정합니다. 링크 스퀘어에 + 표시가 있는 스퀘어는 연결하는 채널 수에 따라 자동으로 링크 스퀘어가 늘어난다는 표시입니다.

연습
키보드로 바탕화면 바꾸기

01 Quest3D를 시작합니다.

시작 버튼을 누르고 프로그램 〉 Quets3D 〉 Quest3D 4.0.0 〉 Quest3D 4.0.0을 클릭해서 Quest3D 4.0을 시작합니다. 바탕화면에 있는 아이콘을 눌러도 됩니다.

[그림 89] 바탕화면 아이콘

02 왼쪽의 Templates의 01-Scene 폴더 왼쪽의 +를 눌러 펼칩니다.

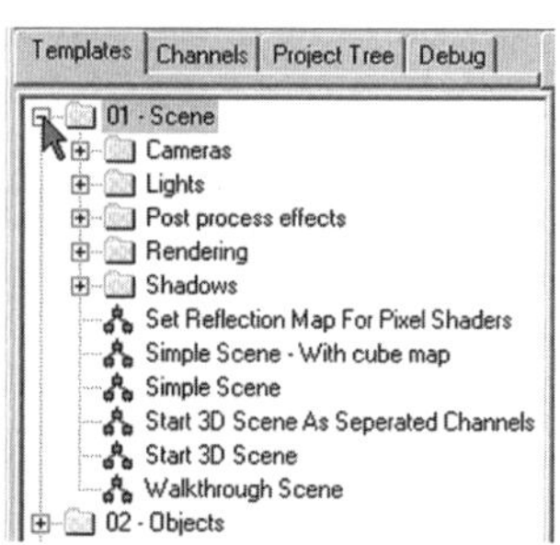

[그림 90] Templates의 Scene 폴더

03 마우스 커서로 Scene 폴더 안에 있는 Rendering 폴더의 +를
눌러서 펼친 후, Clear Screen 템플릿을 드래그해서 채널 그래프로
끌어 옵니다.

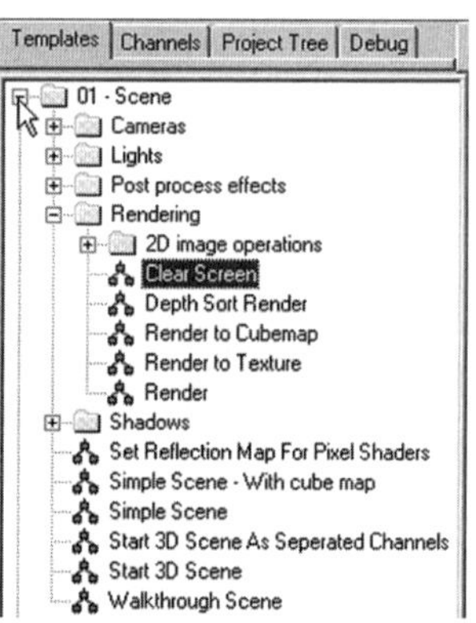

[그림 91] Clear Screen 템플릿

템플릿은 여러 개의 채널을 모아서 만든 것으로 사용자가 편리하게
채널 구성을 할 수 있도록 미리 만들어져 있는 채널의 집합체입니다.
Templates에 없는 템플릿을 찾으려면 Templates 탭 옆의 Channels

탭을 누르면 모든 채널이 알파벳 순서로 정렬되어 있습니다.

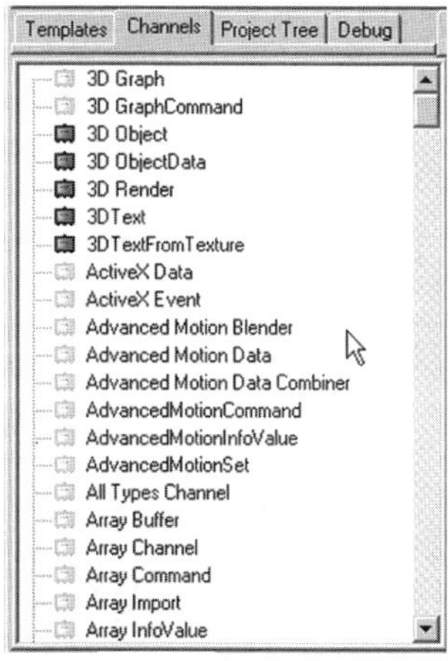

[그림 92] Channels 탭

04 채널 그래프(파란색 바탕의 작업 화면)에 끌어 온 Clear Screen을 Project Start 채널과 연결합니다. 연결 방법은 Clear Screen 채널의 윗부분 링크 스퀘어(link square)와 Poject Start 채널의 아래 부분 링크 스퀘어를 연결해 줍니다.

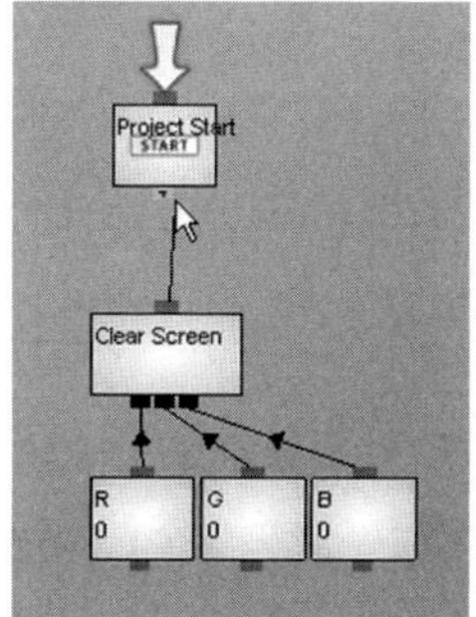

[그림 93] Project Start 채널과 Clear Screen 채널 연결

　만일 화면에 Project Start 채널이 없거나, File 〉 New Project를 눌러서 새롭게 시작했다면, Templates 〉 Scene 〉 Start 3D Scene 채널을 채널 그래프로 끌어와서 Clear Screen과 연결합니다. 중요한 점은 연결 후에 Start 3D Scene 채널을 오른쪽 마우스 버튼으로 눌러서 Set as Start Channel을 선택해 주어야 작동하게 됩니다.

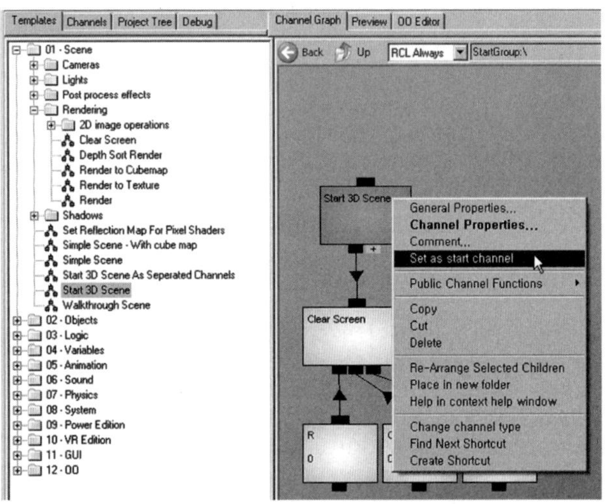

[그림 94] Start 3D Scene 채널을 Set as Start Channel로 지정

05 Channel Graph 탭 옆의 Preview 탭을 누릅니다. 3D 공간의 모습이 검은색으로 표현됩니다. 이것은 앞의 Clear Screen의 컬러값이 R=0, G=0, B=0으로 지정되어 있기 때문입니다. R=Red, G=Green, B=Blue의 값을 0부터 1까지의 수로 표현한 값입니다. 모든 값이 0이면 검정색이 되고, 모든 값이 1이면 흰색이 됩니다.

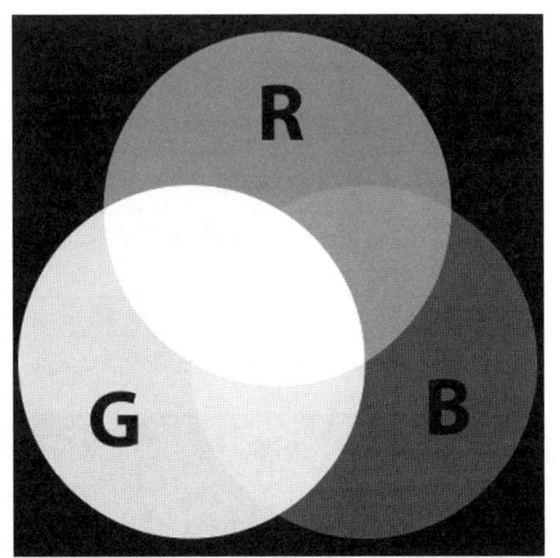

[그림 95] RGB 컬러

　빨간색과 파란색이 같은 비율로 섞이면 마젠타(magenta)가 되고, 빨간색과 초록색이 같은 비율로 섞이면 옐로우(yellow), 초록색과 파란색이 같은 비율로 섞이면 사이안(cyan) 컬러가 됩니다. 세 가지 색상을 모두 같은 값을 섞으면 회색이 나옵니다. 예를 들어, RGB가 (0.5, 0.5, 0.5)라면, RGB(0.8, 0.8, 0.8)보다 더 진한 회색이 됩니다.

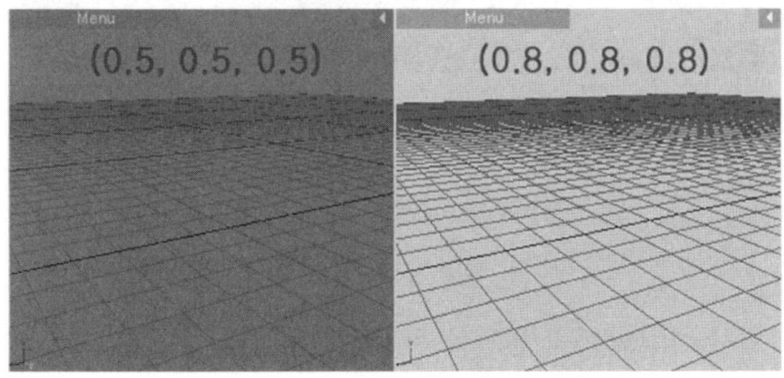

[그림 96] 두 회색의 비교

3D 공간을 움직이면서 보려면 Alt + 마우스 버튼을 누릅니다.

ALT+LMB	XYZ 좌표값 (0,0,0)을 중심으로 화면을 회전시킵니다.
ALT+MMB	마우스의 움직이는 방향에 따라 전후좌우로 움직입니다.
ALT+RMB	화면을 확대/축소(zoom-in/out)합니다. 휠버튼을 돌려도 같은 효과를 볼 수 있습니다.

[표 3] Preview 보기와 마우스 사용

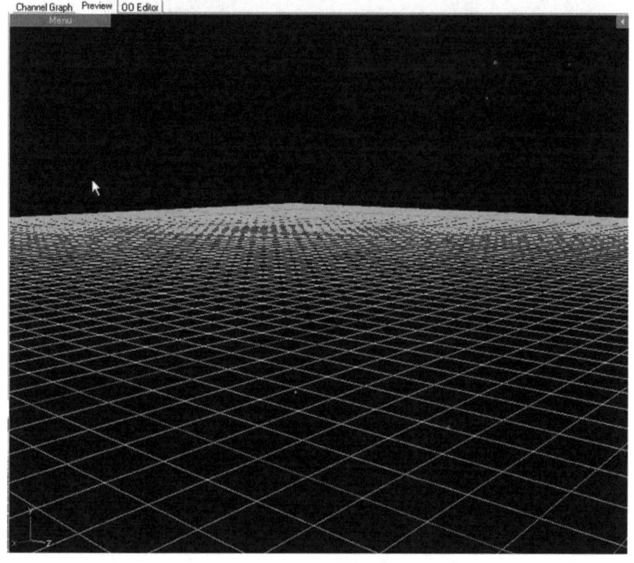

[그림 97] Preview 화면

06 R 채널을 더블 클릭해서 값을 바꿔 봅니다. 왼쪽 아래에 있는 Preview 탭을 눌러서 바뀐 바탕화면 컬러를 확인합니다. G나 B의 수치도 바꿔서 바탕화면의 변화를 관찰합니다.

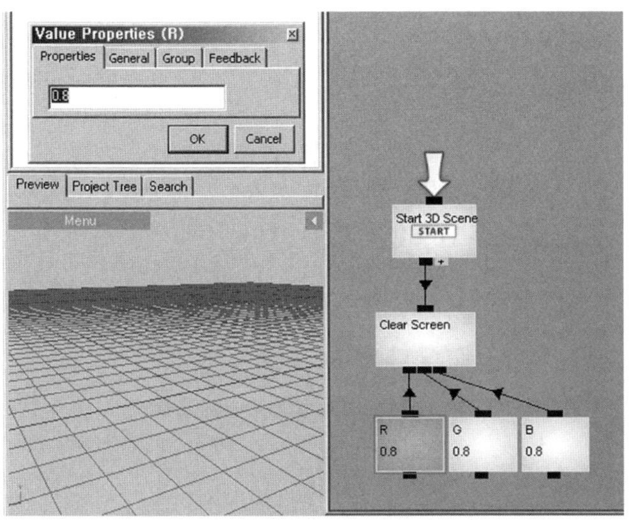

[그림 98] R값 바꾸기와 Preview 보기

07 Templates의 04-Variables 〉 Value를 열어서 User Input 채 널을 채널 그래프에 추가합니다. 추가한 User Input을 채널 R에 연 결합니다.

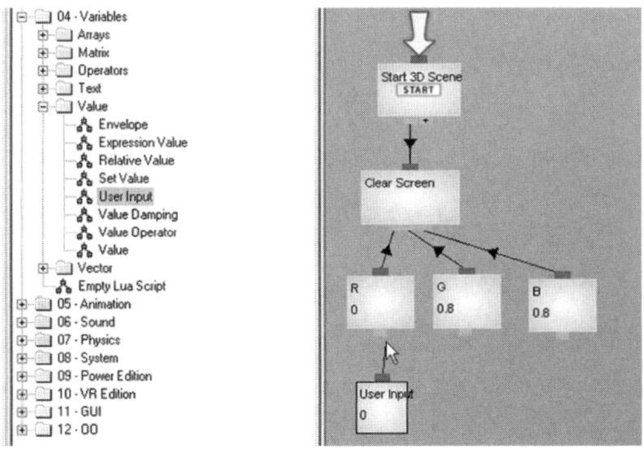

[그림 99] User Input 채널

User Input 채널을 더블 클릭해서 Properties 〉 User Keyboard Information을 선택합니다. 기본 키보드 키는 Space Bar입니다. 만일 다른 키를 원한다면 Capture a key to use를 눌러 키보드에서 원하는 키를 누릅니다. 원한다면 True Value 값과 False Value 값을 변경합니다. RGB 값은 0부터 1 사이이기 때문에 True와 False 값은 0부터 1 사이의 값을 입력합니다.

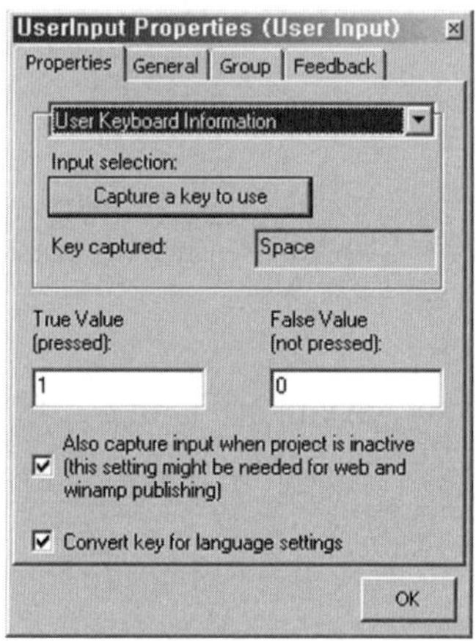

[그림 100] User Input 채널 속성

화면 오른쪽 위의 버튼 중에서 Run 또는 Run/Edit 버튼을 누릅니다. 왼쪽 아래 Preview 탭을 누르고 키보드의 스페이스 바(space bar)를 누르면 화면의 색이 바뀌는 것을 볼 수 있습니다. Run을 눌러야 프로젝트를 실행할 수 있습니다. Edit은 프로젝트의 에디팅을 할 수 있고, Run/Edit은 두 가지를 모두 할 수 있는 모드입니다. Run 모드에서는 채널 그래프의 색이 회색으로 바뀝니다.

[그림 101] Run Mode

08 User Input 채널을 두 번 더 채널 그래프로 끌어 와서 각각 G와 B에 연결합니다. 더블 클릭해서 원하는 키보드 키와 True/False Value를 입력합니다. Run 모드에서 실행합니다. 설정한 키를 한 개만 눌러보거나, 두 개 또는 세 개를 동시에 눌러봅니다. 각각 다른 컬러의 바탕화면이 표시되는 것을 볼 수 있습니다. 아래 그림은 R의 User Input은 키보드 A, G의 User Input은 키보드 S, B의 User Input은 키보드 D로 설정했습니다.

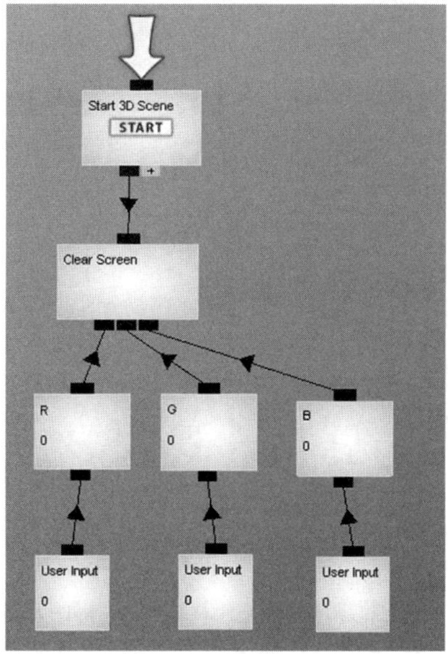

[그림 102] User Input 값 설정

09 다음은 만든 프로젝트를 exe 파일로 만드는 과정입니다. File 〉
Save Group As 해서 파일을 저장합니다. 이때 주의할 점은 디렉토리
의 이름이 한글로 되어 있으면 안 됩니다. 한글 Windows를 사용한다
면, '바탕화면'이나 '내 문서'라는 폴더는 윈도우즈가 설치된 드라이
브의 한글 이름 폴더입니다. 예제에서는 'C:\temp\q'라는 폴더를 만
들어서 사용했습니다.

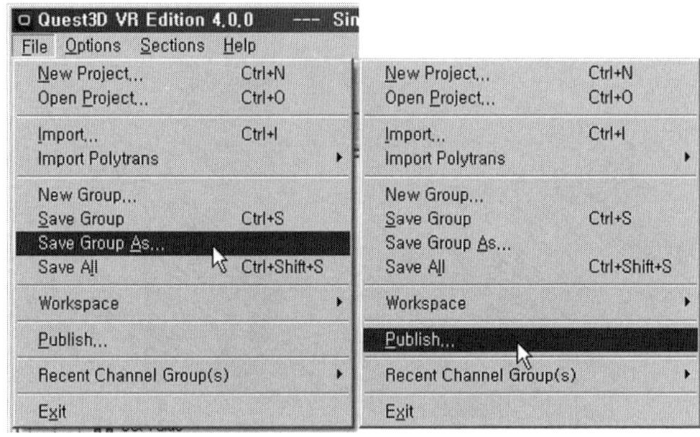

[그림 113] Save Group As 저장과 Publish

저장한 후에 File 〉 Publish를 누릅니다. Title에 원하는 이름을 영
문으로 입력합니다. Target Filename이 자동으로 바뀝니다. 퍼블리
싱되는 Exe 파일의 위치를 바꾸고 싶다면 Target Filename 옆의 브
라우즈 버튼을 눌러서 디렉토리를 지정합니다. 주의할 점은 마찬가지
로 디렉토리의 이름이나 중간 디렉토리에 한글이 들어 가면 안 됩니
다. 나중에 에러 발생의 원인이 됩니다. Next 버튼을 누르고 퍼블리
싱할 파일을 선택하고 Finish 버튼을 누릅니다.

Publish Type은 원하는 것으로 선택합니다. 여기 예제에서는 먼저 Exe 파일을 만드는 Executable로 했습니다.

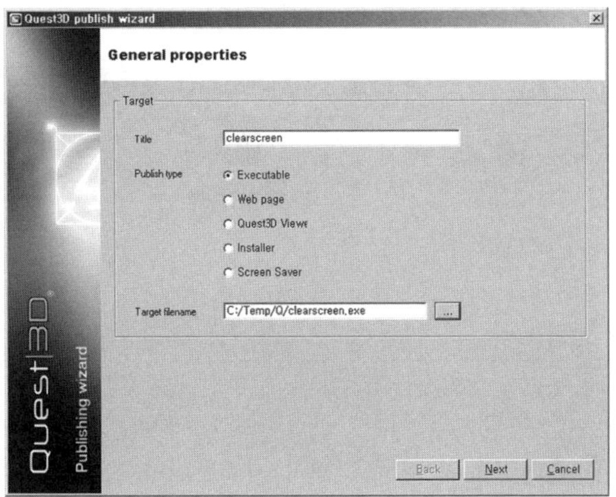

[그림 104] Publish 화면

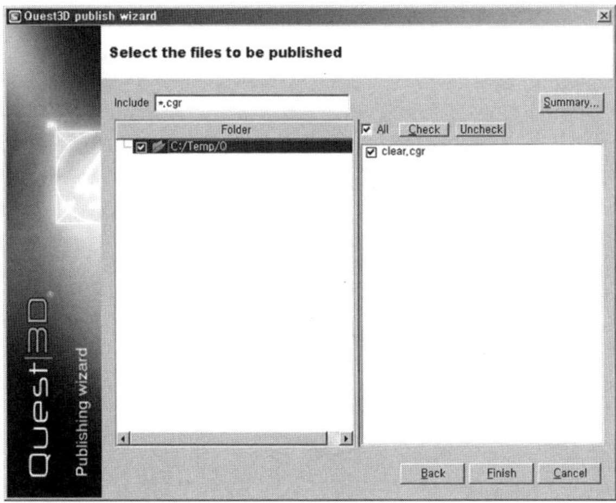

[그림 105] 퍼블리싱 파일 선택

지정한 디렉토리에 가보면 퍼블리싱한 파일이 생성된 것을 볼 수 있습니다.

[그림 106] 퍼블리싱된 파일, clearscreen.exe

퍼블리싱된 파일을 더블 클릭해서 실행합니다. 실행이 되면, 화면 디스플레이 옵션이 나옵니다. 여기서 디스플레이 해상도와 윈도우로 볼 것인지 전체 화면으로 볼 것인지를 선택합니다. ESC 키를 누르면 애플리케이션이 꺼집니다.

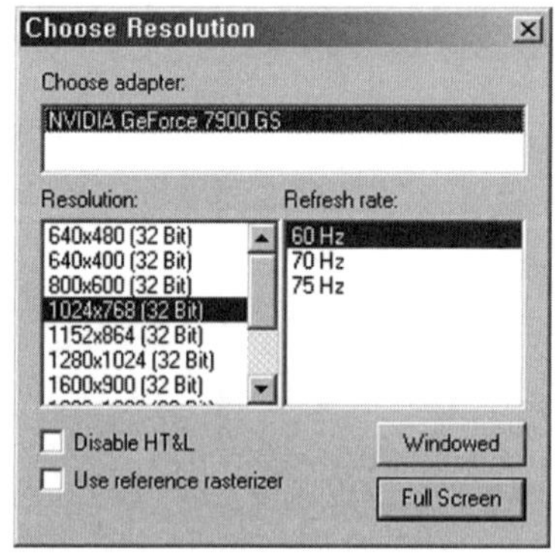

[그림 107] 애플리케이션 실행 옵션

10 다른 타입으로 퍼블리싱을 연습해보겠습니다. 퍼블리싱에서 두 번째 옵션인 Web Page를 선택합니다.

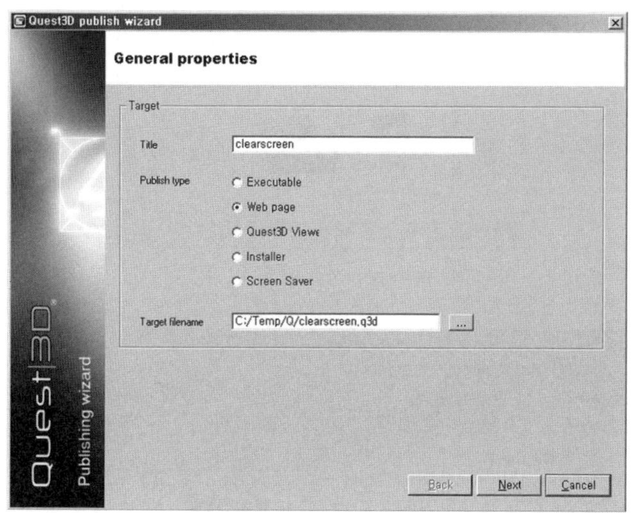

[그림 108] Web Page 퍼블리싱

Next 버튼을 누르면 두 번째 나오는 파일 선택 화면은 Executable 파일을 만들 때와 같습니다. 두 번째 화면에서 Finish 버튼을 누르면 clearscreen.q3d와 index.htm 파일이 만들어집니다. index.htm 파일은 웹 브라우저를 사용해서 볼 수 있습니다. Quest3D 플러그인이 필요하기 때문에 시스템이 인터넷에 연결되어 있어야 합니다. 다음과 같은 플러그인 안내창이 뜨면 플러그인을 설치합니다.

[그림 109] index.htm 파일

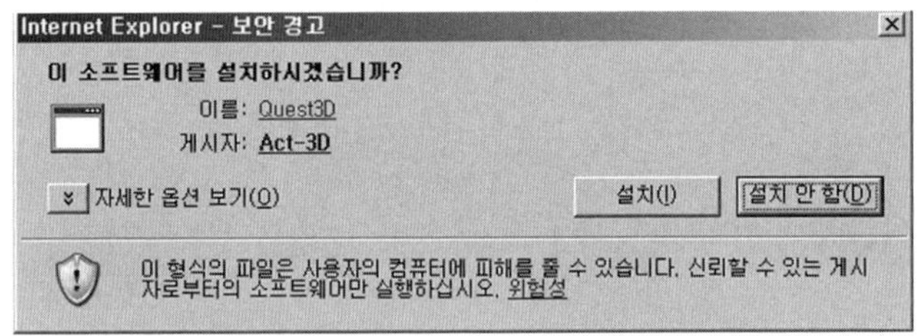

[그림 110] 플러그인 설치

플러그인 설치가 끝나면 바로 브라우저에 애플리케이션이 브라우저 창의 크기에 맞게 표시가 됩니다.

11 세 번째 옵션은 Quest3D Viewer 파일입니다. Web Page 옵션에서 생성된 clearscreen.q3d와 동일한 파일이 퍼블리싱됩니다. Web Page와는 달리 index.htm 파일은 만들어지지 않습니다. clearscreen.q3d를 더블클릭하면 플러그인이 없는 경우 플러그인을 설치하고, Executable 파일과 같은 디스플레이 해상도와 크기 선택

창이 나옵니다.

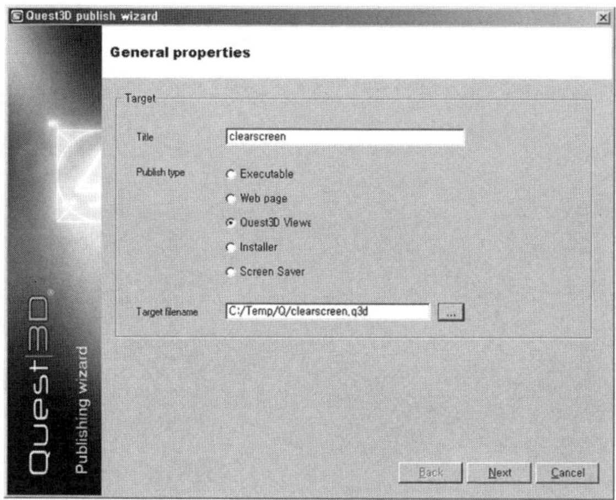

[그림 111] Quest3D Viewer 퍼블리싱

12 네 번째 옵션인 Installer는 상업용 소프트웨어처럼 설치 디렉토리와 시작 메뉴의 폴더 이름과 위치를 지정할 수 있습니다.

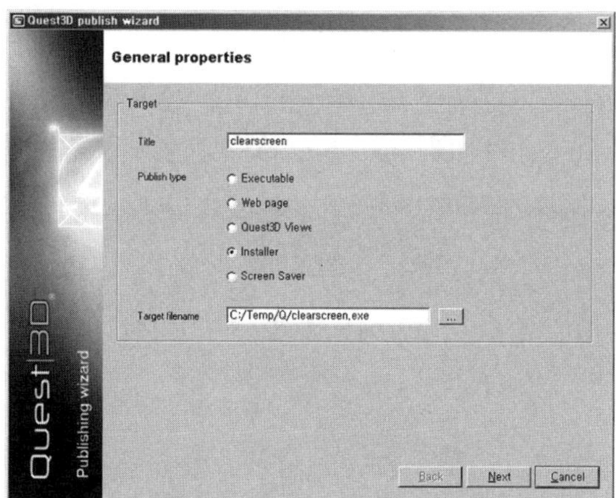

[그림 112] Installer 옵션

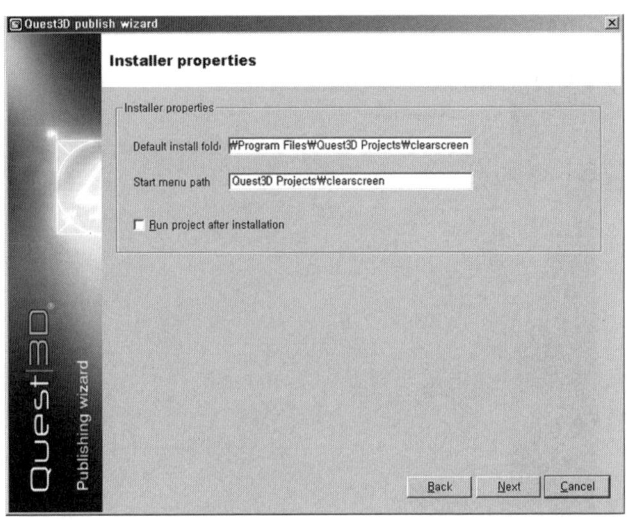

[그림 113] Installer 패스 지정

Default install folder에는 애플리케이션이 설치된 경로를 지정합니다. Start menu path에는 시작 메뉴의 폴더 위치와 이름을 지정할수 있습니다. Next 버튼을 누르면 파일 선택 창이 뜨고 Finish 버튼을 누르면 설치 파일인 clearscreen.exe가 생성됩니다.

clearscreen.exe는 앞의 Executable로 만든 파일과는 이름은 같지만, 더블 클릭해서 실행하면 일반 사용 소프트웨어의 설치와 같이 창이 뜨고 설치가 진행됩니다. 설치 후에는 설치 된 곳의 디렉토리에서 exe 파일을 실행하거나 시작 메뉴에서 실행시키면 됩니다.

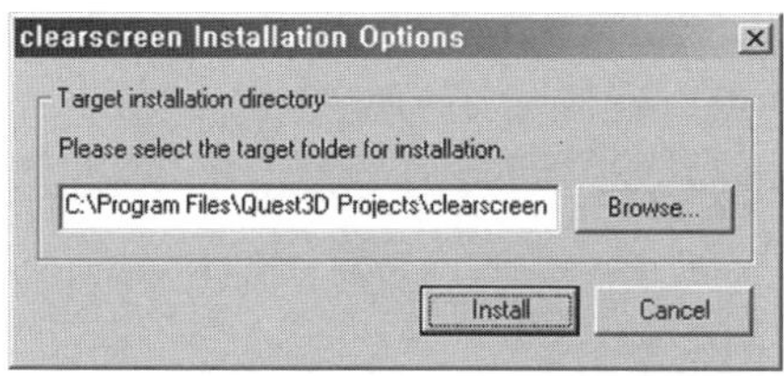
[그림 114] Installer로 퍼블리싱된 파일 실행

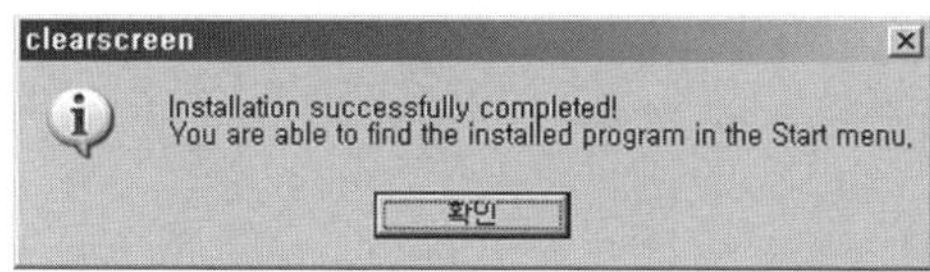
[그림 115] Install이 끝난 후

13 마지막으로 Screen Saver를 만들어 보겠습니다. 퍼블리싱 옵션에서 마지막의 Screen Saver를 선택합니다. Next 버튼을 누르면 다음 화면에서 스크린세이버 파일을 설치하는 위치를 지정합니다. Default install folder에 위치를 지정합니다.

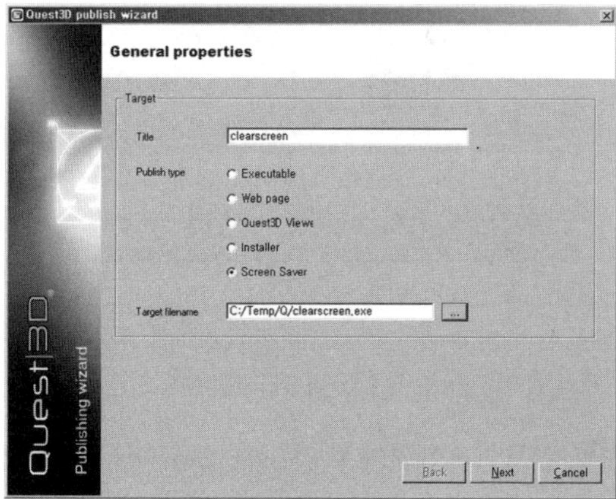
[그림 116] Screen Saver 퍼블리싱

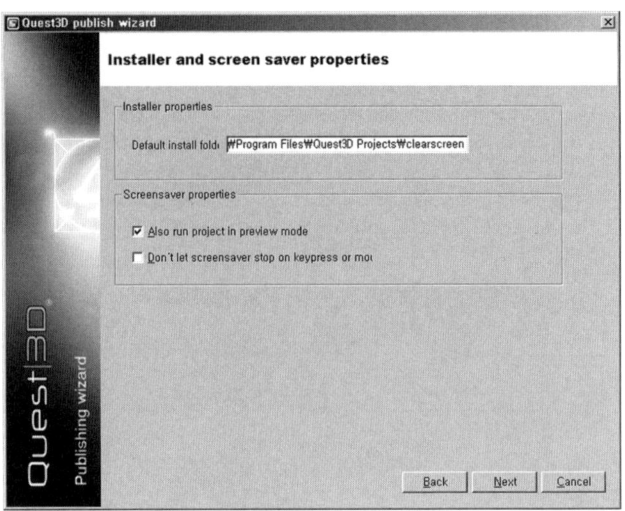

[그림 117] 인스톨 디렉토리

퍼블리싱이 끝나면 clearscreen.exe라는 파일이 생성됩니다. 이 파일을 실행하면 설치 화면이 나옵니다.

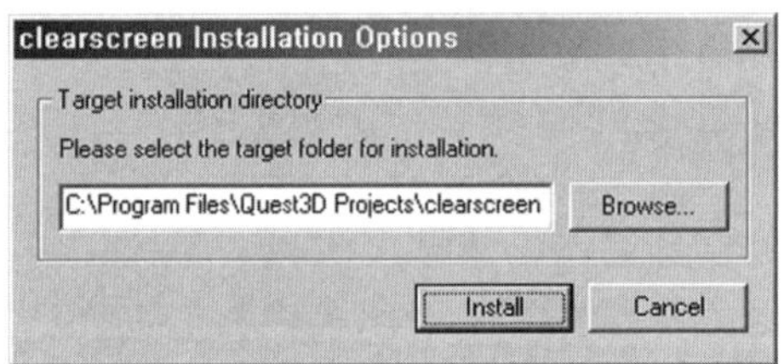

[그림 118] 설치 디렉토리

Install 버튼을 누르면 다음과 같이 Microsoft Visual C++ Runtime을 설치한다는 화면이 나옵니다. Yes 버튼을 눌러 설치를 진행합니다.

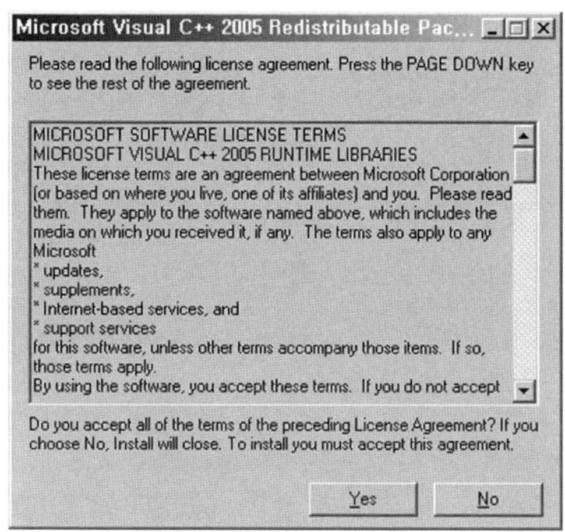

[그림 119] Microsoft Visual C++ Runtime

설치된 디렉토리에 가면, Q3DSvr.svr이라는 스크린 세이버 파일이 생성된 것을 확인할 수 있습니다.

[그림 120] Screen Saver 파일

　　스크린 세이버 파일은 윈도우즈의 바탕화면에서 RMB를 눌러 속성 〉 디스플레이 등록정보 〉 화면 보호기 탭을 선택합니다. 화면보호기에 보면 clearscreen이 이미 등록이 되어 있습니다. 확인 버튼을 누르면 스크린 세이버가 설정됩니다. 단 여기서 만든 것은 바탕화면 컬러 변경 애플리케이션이라 스크린 세이버로 사용하기에는 적절하지 않습니다. 이미지나 간단한 애니메이션을 만들어서 스크린 세이버를 제작합니다.

[그림 121] 시스템 속성

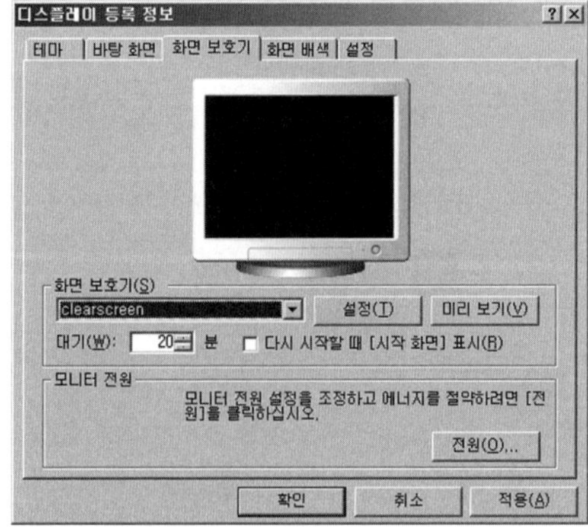

[그림 122] 디스플레이 등록 정보

Chapter ❷ VR Project

1. VR 프로젝트 준비

가상현실 애플리케이션을 제작에 앞서 준비해야 할 몇 가지 사항들이 있습니다.

● 모델링 툴

유명한 3D 모델링 툴로는 Autodesk사의 3D Studio Max, Maya, Softimage|XSI, Multigen-Paradigm Creator, Modo, Rhino 등이 있습니다. 이 중 대중적으로 많이 사용되는 소프트웨어는 3D Studio Max 와 Maya입니다.

[그림 123] Autodesk사의 3D Stduio Max

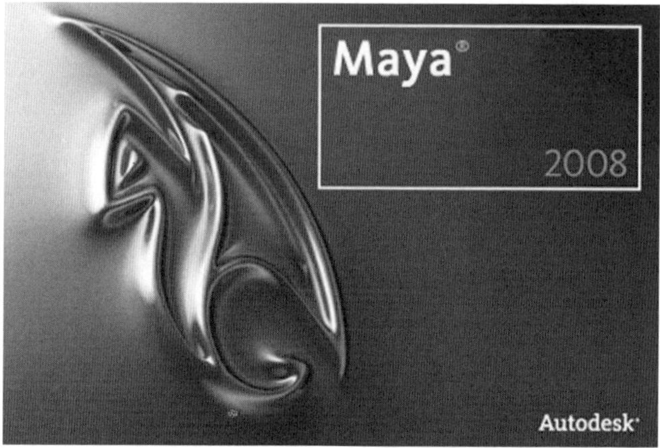

[그림 124] Autodesk사의 Maya

[그림 125] Autodesk사의 Softmage | XSI

● 이미지 편집 툴

3D 모델을 좀 더 사실적으로 표현하기 위해서 실사 사진이나 그래픽 이미지를 3D 오브젝트에 덮어 씌웁니다. 이 작업을 Texture Mapping이라고 하고, 이러한 Texture Map을 만들기 위해서 Adobe Photoshop과 같은 이미지 편집 툴이 필요합니다. 수채화나 유화 같은 특수한 느낌의 Texture Map을 만들기 위해서는 Corel사의 Painter를 많이 사용하기도 합니다.

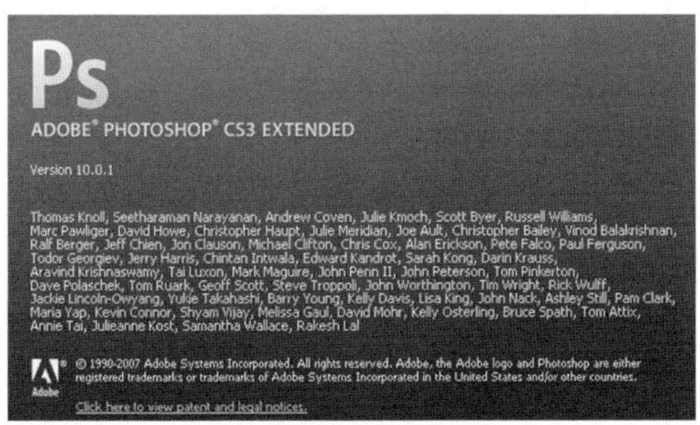

[그림 126] Adobe Photoshop

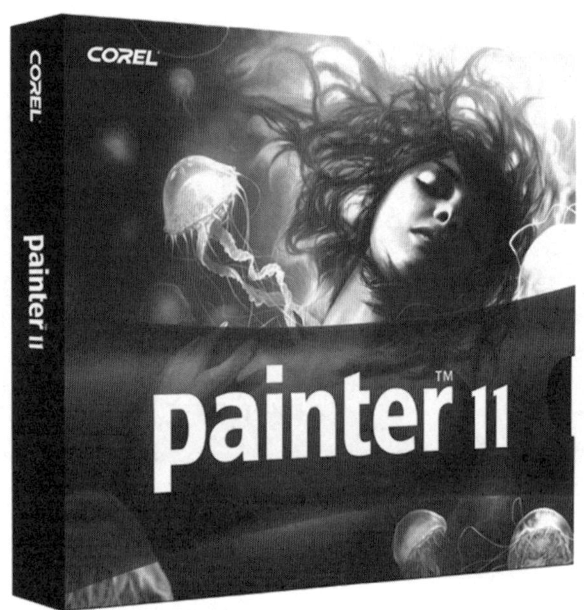

[그림 127] Corel Painter

● 실시간 렌더러

위의 두 가지 툴을 사용하여 실제와 같은 3D 모델을 만들었다면, 실시간으로 화면 상에 디스플레이하는 부분이 필요하게 됩니다. 여기에는 유저(user)의 반응에 대응하는 인터랙션(interaction, 상호작용)도 추가됩니다. 이러한 기능을 해주는 툴이 바로 Quest3D입니다. 원래는 C/C++와 같은 프로그래밍 언어를 사용하여 제작하여야 하지만 프로그래밍 지식이 없거나 경험이 적은 창작자들도 프로그래밍의 장벽에 상관없이 자신의 VR 애플리케이션을 제작할 수 있도록 만들었습니다. 유사한 소프트웨어로 VirTools가 있습니다만 Quest3D가 비용면이나 사용적인 측면에서 훨씬 유리합니다.

2. 스토리보드

어떤 프로젝트라도 자신의 아이디어를 먼저 정리해야 합니다. 자신의 머릿속의 들어 있는 생각은 본인만이 알 수 있기 때문에, 아이디어를 정리해서 비주얼화시키는 작업이 필요합니다. 처음에는 여러 가지 다양한 스케치를 하고 다이어그램을 그려서 프로젝트에 필요한 로직과 모델을 선정합니다.

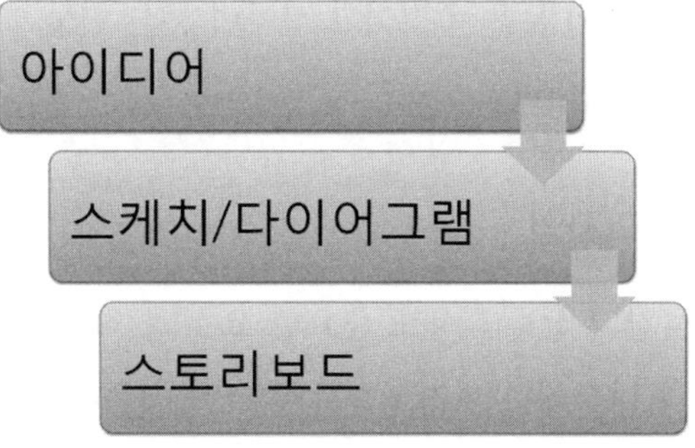

[그림 128] 프로젝트 플랜

(1) 시나리오

시나리오는 자신의 아이디어를 정리하는 가장 기초적인 단계입니다. 본인의 생각을 정리해서 등장 인물, 배경, 스토리를 구성합니다. 요즘 등장하는 게임들이 점차 복잡해짐에 따라 게임 시나리오에 대한 중요도가 높아지고 있습니다. VR 애플리케이션에서도 시나리오가 중요하다고 할 수 있습니다. 시나리오에 따라 애플리케이션에 대한 흥미도가 달라집니다.

(2) 모델 리스트 작성

전체 프로젝트를 진행하기 전에 정리한 시나리오에 따라 프로젝트에 필요한 3D 모델을 산정합니다. 이 과정에서 중요한 것은 몇 개의 모델이 필요하고, 어느 정도까지 세부적으로 모델링을 하여야 하는지에 대한 디테일 정도를 결정합니다.

예를 들어 한 채의 건물에 사람이 들어가는 모습을 만든다고 가정을 해보면 필요한 모델들은 대략 다음과 같습니다.

인체모델, 건물 모델, 주변 환경에 필요한 나무, 돌, 도로, 하늘 등이 있습니다. 여기에 건물의 문을 움직이고 싶다면 문은 건물과는 다른 파일로 만들어 저장하여야 합니다.

(3) 인터랙션 디자인

모델과 모델들간의 상호 작용도 중요한 요소 중 하나입니다. 특히 실시간으로 사용자가 마음대로 조작이 가능한 VR 애플리케이션에서는 인터랙션이 없다면 매우 건조한 애플리케이션으로 사용자들이 금방 싫증을 내기 때문입니다. 실시간 렌더링 때문에 그래픽 퀄리티가 3D 애니메이션에 비해 현저히 떨어지는 단점을 인터랙션으로 보완해야 합니다.

인터랙션의 가장 간단한 예로 문의 개폐를 들 수 있습니다. 가상공간 안에 있는 건물 안으로 들어가기 위해 문을 만지거나 문의 손잡이를 돌리면 문이 열리는 반응이 바로 인터랙션입니다.

3. 3D 모델링

3D 모델링 툴에는 여러 종류가 있지만, 주로 사용하는 툴은 Autodesk 사의 3ds Max와 Maya입니다.

(1) 3ds Max

3ds Max에서 만든 모델을 Quest3D에서 사용하기 위해서는 반드시 변환 과정을 거쳐야 합니다. 옛 버전에서는 변환 플러그인이 다양하지 않아서 DirectX (.x) 파일로 변환하고 다시 그 파일을 Quest3D에서 Import 하는 방법을 사용하였습니다. 그러나 현재는 플러그인이 있기 때문에 3dsMax에서 바로 Quest3D 파일 포맷인 .cgr로 export가 가능합니다.

01 Quest3D의 export 플러그인이 있는 웹페이지로 가서 자신이 사용하는 3dsMax에 맞는 버전의 플러그인을 다운로드합니다. 버전은 Quest3D와 3dsMax 버전을 모두 맞는 것으로 받아야 합니다.

http://support.quest3d.com/index.php?title=Quest3D_Plug-in_for_3D_Studio_MAX

여기서는 3dsMax 2009와 Quest3D 4.0에 맞는 것으로 다운로드하겠습니다. 다운로드한 파일 이름은 Quest3DExtensions_0.2.18_max2009_Q3D40.zip입니다.

02 Zip으로 압축된 파일의 압축을 풉니다. 압축을 풀면 Extensions 폴더와 info.txt 파일이 나옵니다. info.txt에 플러그인 설치 방법이 들어 있습니다.

[그림 129] 압축 푼 플러그인

03 Extensions 폴더 안의 d3dx9_31.dll 파일을 3dsMax의 루트 디렉토리에 복사합니다. 루트 디렉토리는 3dsMax를 C:\ 드라이브의 기본 위치에 설치하였다면,

C:\Program Files\Autodesk\3ds Max 2009
입니다.

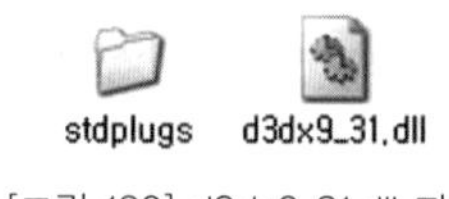

[그림 130] d3dx9_31.dll 파일

04 Extensions 〉 stdplugs 폴더 안의 모든 파일을 아래 디렉토리에 복사합니다.

C:\Program Files\Autodesk\3ds Max 2009\stdplugs

복사 후에는 반드시 시스템을 다시 시작합니다.

Quest3D   Quest3DE...   Quest3D...

[그림 131] Stdplugs 폴더

05 3dsMax를 시작합니다. Customize 〉 Plug-in Manager를 선택합니다. 옆의 스크롤 바를 내려서 Quest3D 플러그인이 바르게 Load가 되어 있나 확인합니다. 만일 load가 안 되었거나 설치가 안 되었다면 오른쪽 마우스 버튼을 눌러 Load를 하거나 플러그인을 추가합니다.

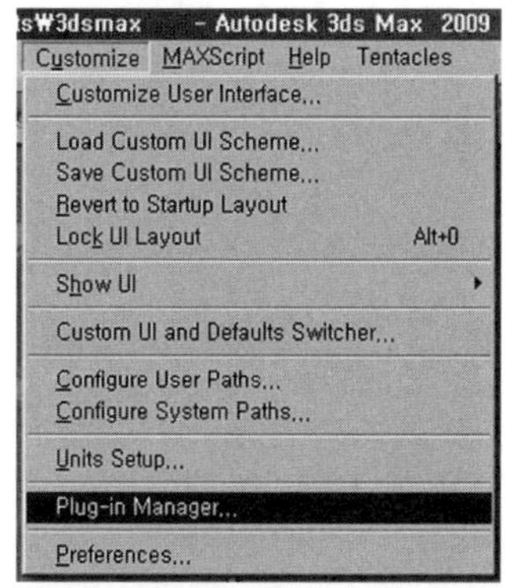

[그림 132] 플러그인 매니저

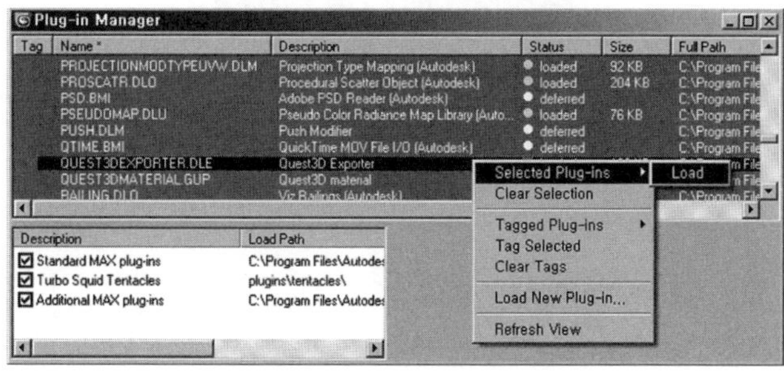

[그림 133] 플러그인 Load

06 3dsMax에서 모델을 만듭니다. 저장한 후에 File 〉 Export를 선택
합니다.

[그림 134] 3dsMax Export

파일 형식에서 Quest3D file exporter (*.CGR)을 선택합니다.

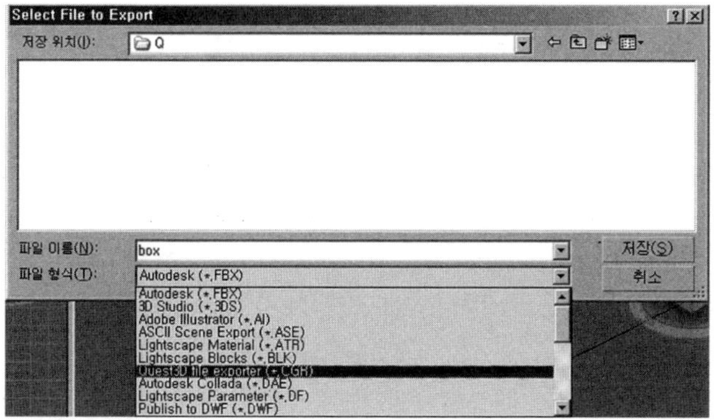

[그림 135] Export 파일 형식

저장 버튼을 누르면 Quest3D 파일에 관한 옵션 창이 뜹니다. 보통 3dsMax로 작업한 3D 오브젝트를 Quest3D로 Import 할 때 크기 변환이 맞지 않는 경우가 있으므로 Scale multiplier에 0.1을 입력합니다. 물론 크기는 직접 보면서 조절해야 합니다. 한번 Export 해서 Quest3D로 확인한 다음 Scale multiplier 수치를 결정합니다.

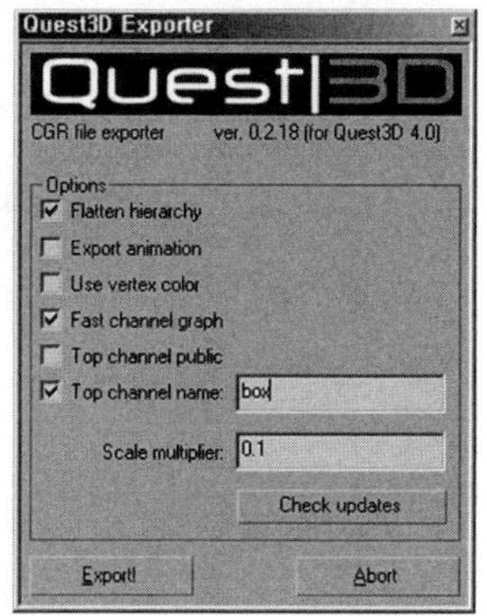

[그림 136] Quest3D Exporter 옵션

Export! 버튼을 누르면 Export가 됐다는 메시지가 나옵니다.

[그림 137] Export 성공 메시지

07 실제로 3dsMax로 주사위를 만들어서 Quest3D로 불러 보겠습니다. 먼저 3dsMax를 실행해서 박스를 만듭니다. Create > Geometry > Standard Primitives > Box를 선택해서 마우스로 드래그하여 박스를 그립니다. Parameters에서 수치를 입력하면 정확한 박스를 만들 수 있습니다. 각 변의 길이가 10인 박스를 만듭니다.

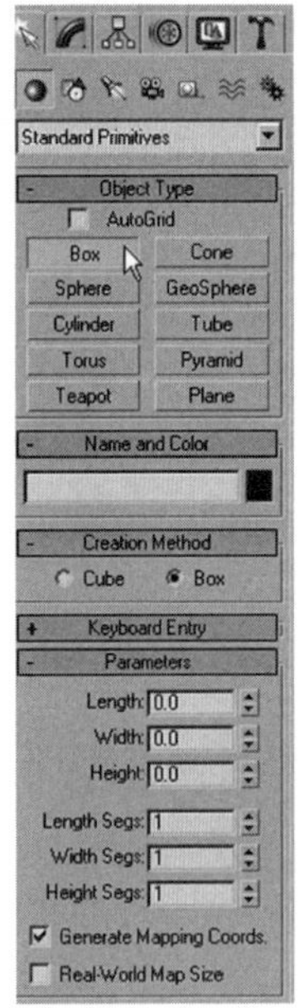

Parameters : Length = 10

Width = 10

Height = 10

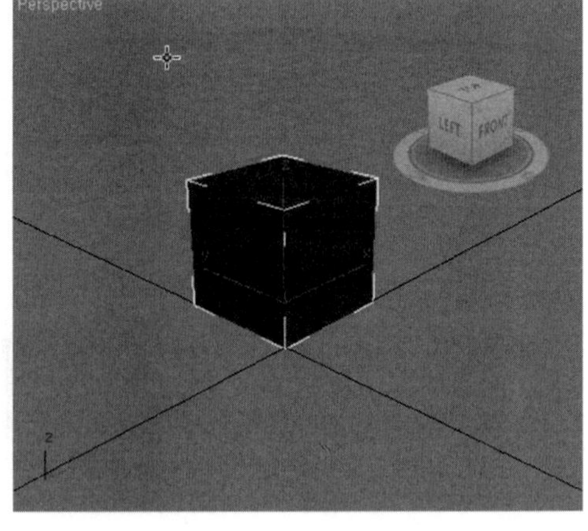

[그림 138] 3dsMax에서 박스 만들기

08 Material Editor를 열고, 첫 번째 Material를 선택한 후 Maps 폴더를 펼칩니다. Diffuse Color 옆의 None 버튼을 누르고, 맵 브라우저 창이 뜨면 Bitmap를 선택하여 주사위의 텍스쳐 이미지를 불러옵니다.

[그림 139] Material Editor

[그림 140] Material Editor Window

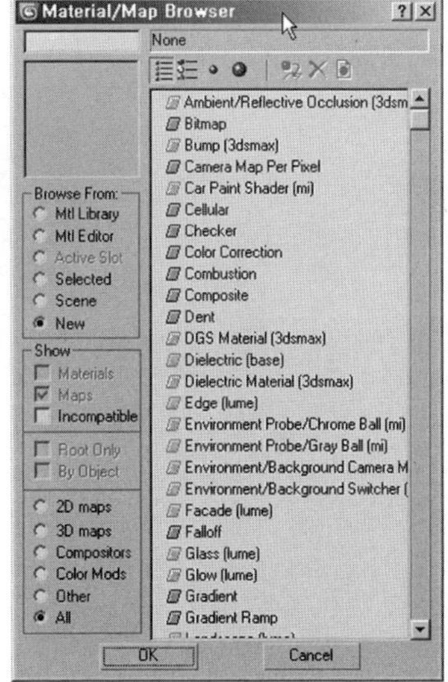

[그림 141] Map 브라우저 창

주사위는 서로 마주보는 면의 합이 7이 되어야 하므로 이점에 유의하여 Adobe Photoshop과 같은 이미지 에디팅 소프트웨어로 주사위 텍스쳐 맵을 만듭니다. 아래 그림은 참조 자료로 맵의 한 변의 길이는 항상 2^n이 되도록 합니다. 텍스쳐 이미지 사이즈로 적합한 것은 128×256, 256×256, 256×512, 512×512, 1,024×1,024 등이 있습니다. 가능하면 맵의 사이즈가 1,024×1,024가 넘지 않도록 주의합니다.

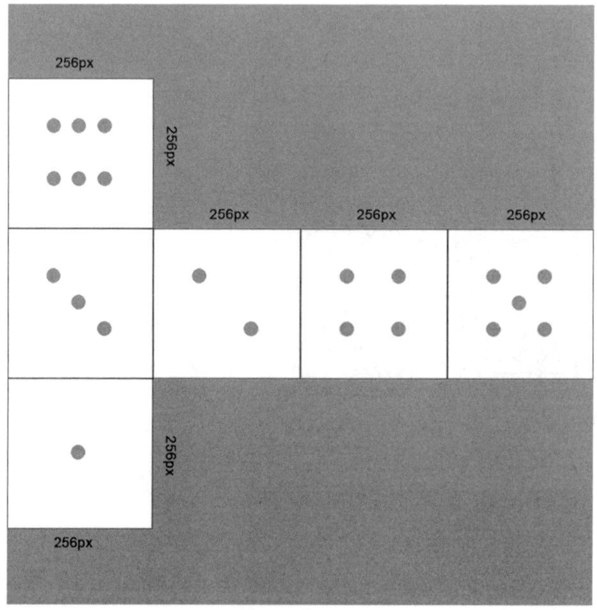

[그림 142] 주사위 텍스쳐 맵의 예(px=pixel)

09 화면에서 Box를 선택하고 Material Editor에서 Assign Material to Selection 버튼을 눌러서 박스에 주사위 맵을 적용합니다. 적용된 맵을 화면에서 보려면 Show Standard Map in Viewport 버튼을 누릅니다.

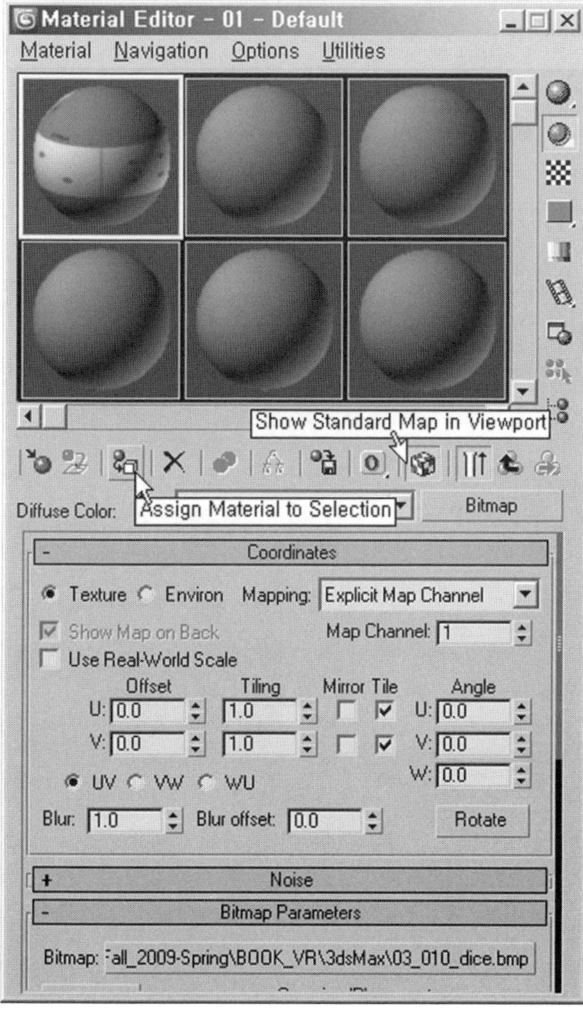

[그림 143] 맵 적용 및 적용 맵 보기

맵이 적용된 주사위는 맵의 위치가 올바르게 적용되지 않아 이상한 모습이 됩니다. 주사위를 RMB로 클릭하여 Edit Poly로 바꿉니다. Modify 〉 Modifier List 〉 UVW Map을 선택합니다. 맵이 주사위의 한쪽 면에 나타납니다. Parameters 폴더에서 Mapping Planar를 선택합니다. 주사위의 면이 평면이라 Planar를 선택하였습니다.

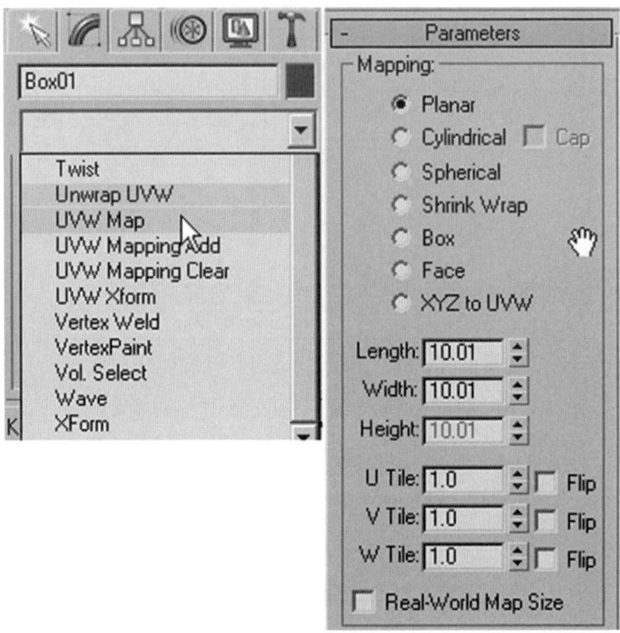

[그림 144] UVW Map 적용

10 UVW 매핑을 적용한 후에 Modifier List에서 Unwrap UVW를 선택합니다. Parameters에서 Edit를 눌러서 Edit UVWs 창이 뜨면, CheckerPattern 옆을 눌러서 적용한 텍스쳐 맵을 선택합니다. Options 〉 Preferences 〉 Colors: Show Grid 선택을 해제하고, Display Preferences Tiles: 0으로 세팅합니다.

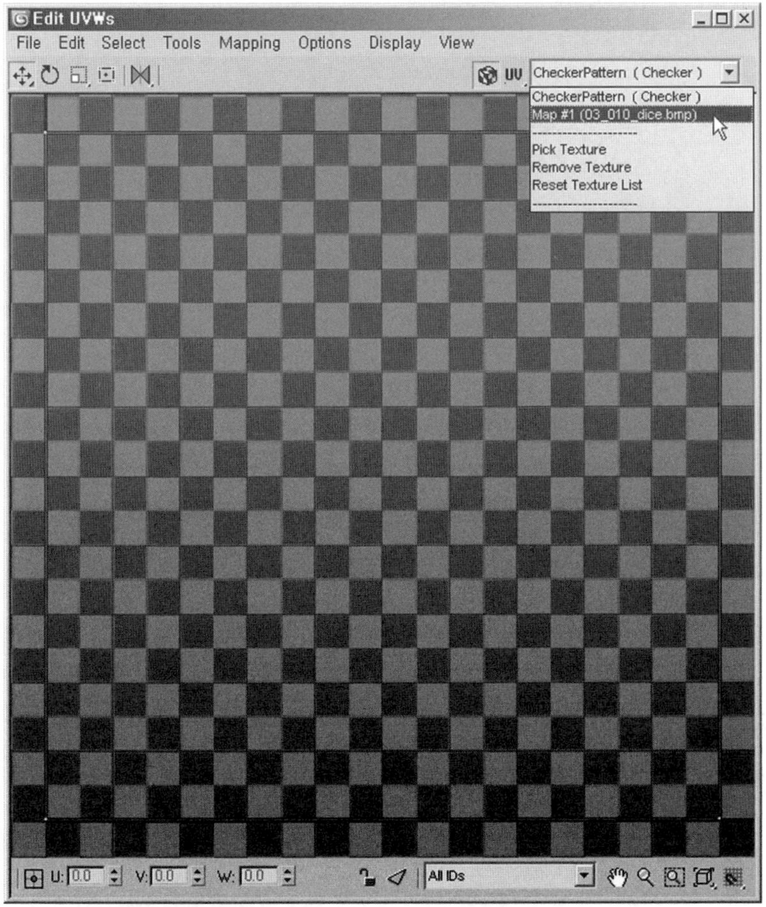

[그림 145] Edit UVWs 윈도우

113

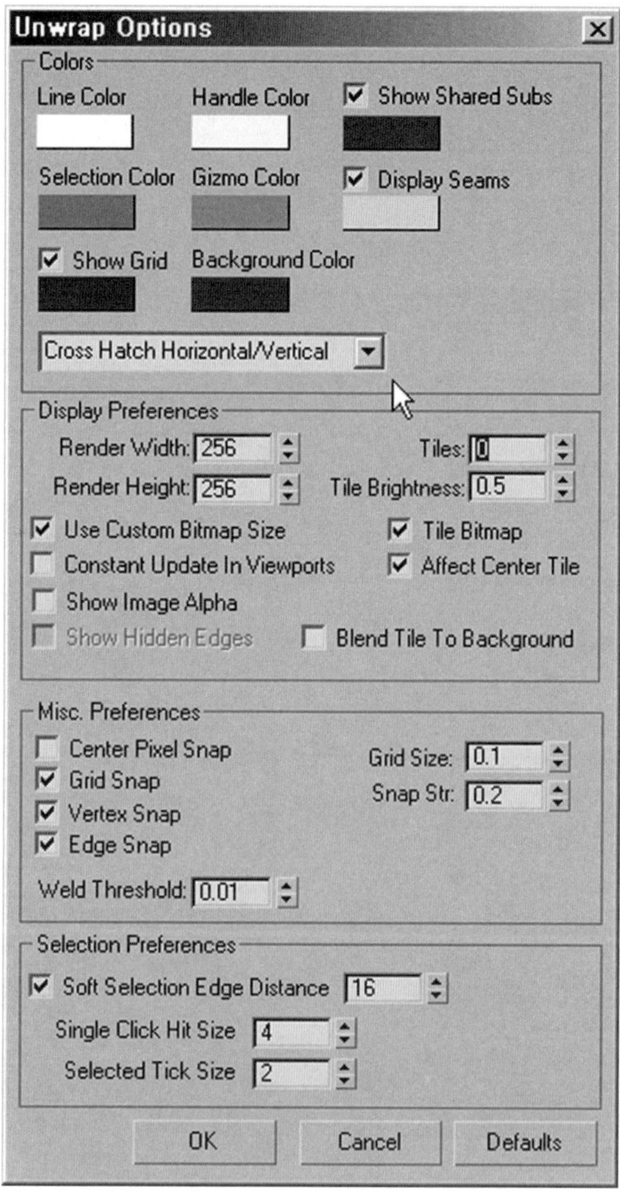

[그림 146] Options 〉 Preferences 윈도우

11 위의 옵션을 모두 적용하면 다음과 같은 모습이 됩니다.

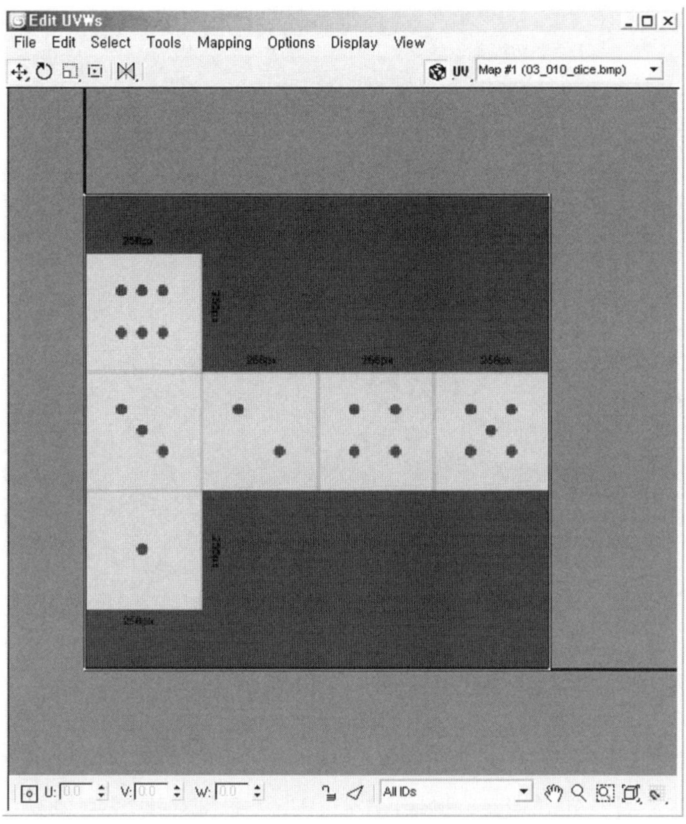

[그림 147] Show Grid 옵션 해제 및 Tile 맵 반복 해제

Selection Modes에서 Face Sub-object Mode를 선택한 후 화면에 나온 텍스쳐 맵을 모두 드래그해서 선택합니다.

[그림 148] Face Sub-object Mode 선택

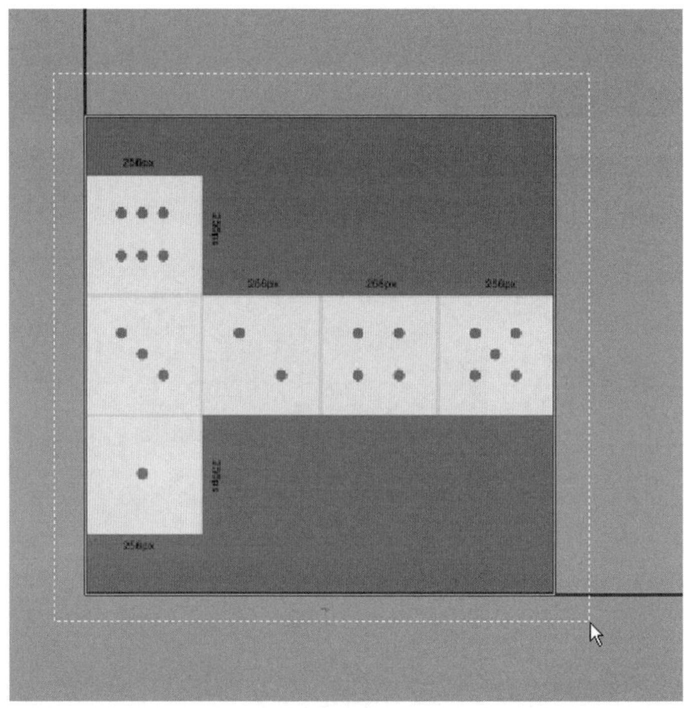

[그림 149] 드래그해서 화면의 텍스쳐 맵을 모두 선택

모두 선택이 된 상태에서 Mapping 〉 Flatten Mapping을 클릭합니다. 모두 겹쳐서 하나로 보이던 6개의 면이 펼쳐져서 따로 따로 표시가됩니다.

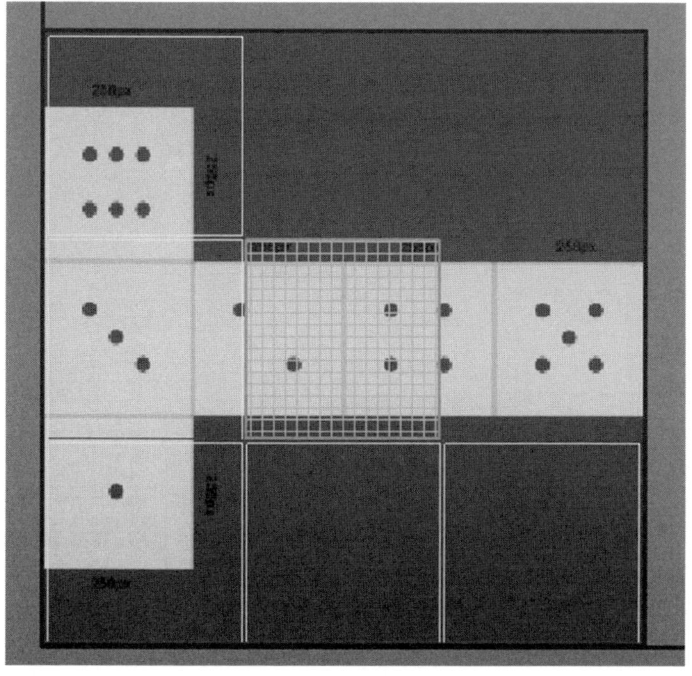

[그림 150] Flatten Mapping으로 6면이 펼쳐진 상태

Selection Modes에서 Edge Sub-object Mode로 전환합니다.

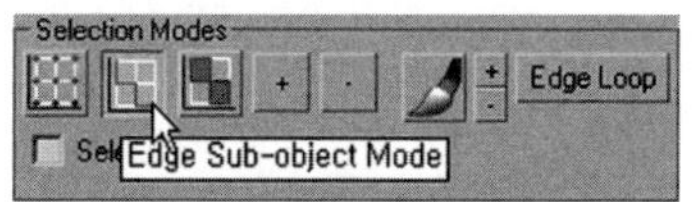

[그림 151] Edge Sub-object Mode

텍스쳐 맵 위에 있는 사각형 중 Edge 하나를 선택합니다. 그 Edge가
만나는 다른 Edge가 자동적으로 함께 선택이 됩니다. 선택된 Edge를
RMB로 클릭해서 Stitch Selected를 누릅니다. 두 개의 사각형의 선택된
Edge가 자동적으로 붙게 됩니다.

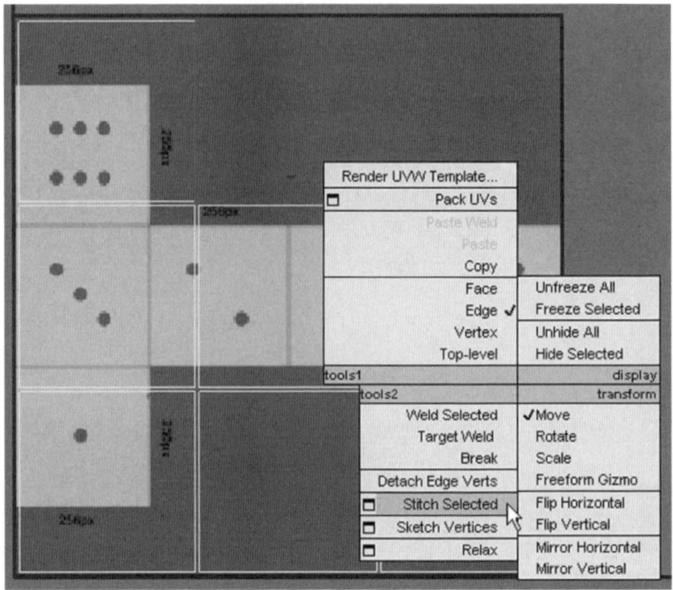

[그림 152] Stitch Selected

각각의 Edge를 선택해서 Stitch Selected를 적용하면 아래와 비슷한 모양이 나옵니다. 아래의 그림에서는 전체 사각형을 선택해서 반시계 방향으로 90도를 돌려야 합니다. 사각형을 돌려서 맞춘 후에 Scale로 텍스쳐 맵에 맞게 조절합니다. Angle Snap을 켜고 Roate 툴로 돌리면 정확하게 90도에 맞춰서 돌릴 수 있습니다.

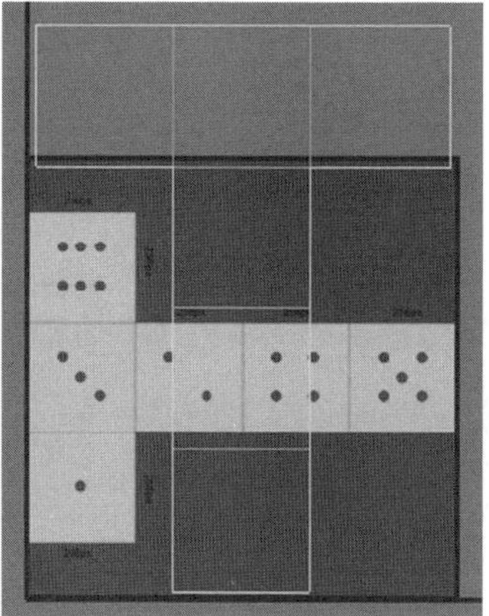

[그림 153] Stitch Selected를 모두 실행

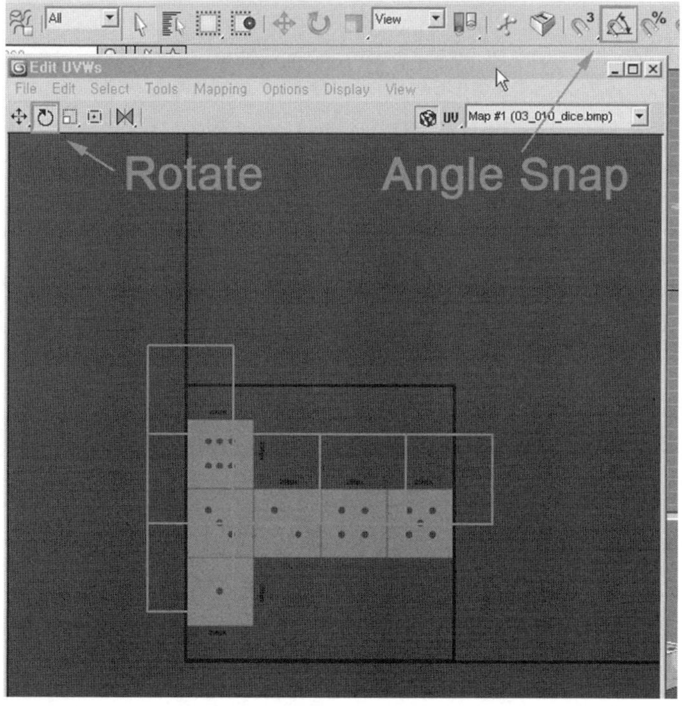

[그림 154] Angle Snap를 켜고 Roate 툴로 회전

Move 툴과 Scale 툴을 이용하여 텍스쳐 맵에 맞게 박스 펼친 그림을 옮깁니다.

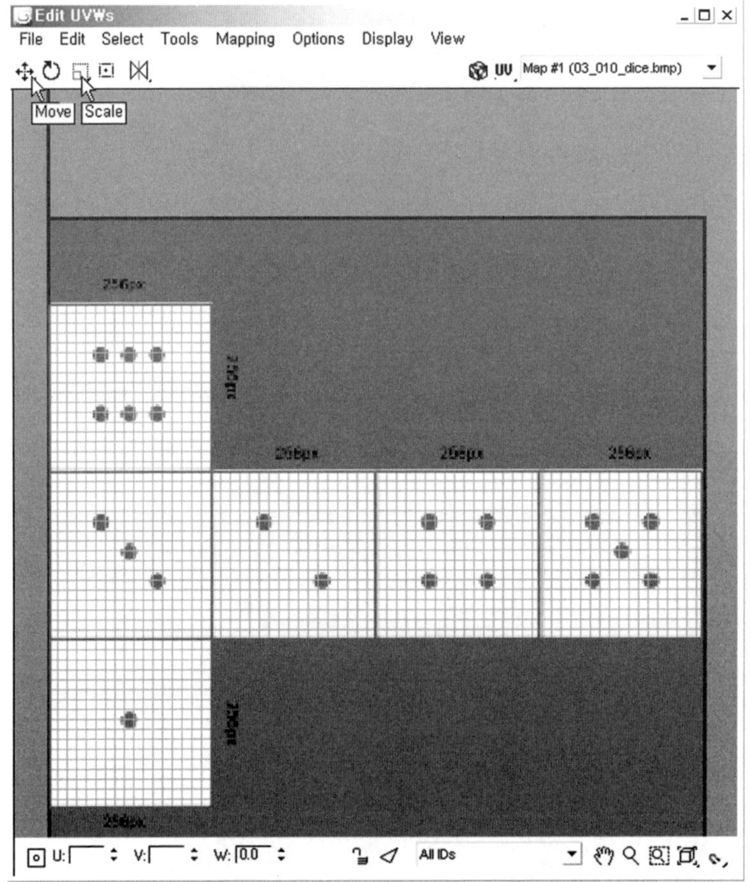

[그림 155] 텍스쳐 맵 Unwrap

[그림 156] 완성된 주사위와 렌더링 이미지

12 완성된 주사위를 선택하고 File 〉 Export Selected를 선택합니다. 파일 포맷을 묻는 창이 뜨면 Quest3D file exporter (*.CGR)을 선택합니다. 파일 이름을 입력하고 OK를 누릅니다. Quest3D Exporter 윈도우가 나오면 Top channel name에 dice를 입력합니다. 이제 Quest3D에서 오픈할 수 있는 파일로 Export했습니다.

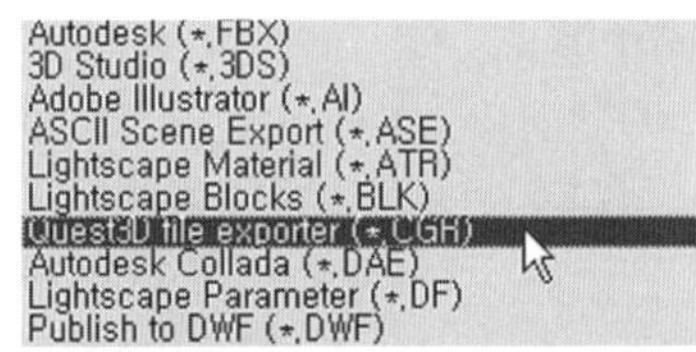

[그림 157] 파일 포맷

[그림 158] Quest3d Exporter

13 Quest3D 4.0을 실행하고, File 〉 Open Project에서 방금 Export 한 dice.CGR을 오픈합니다.

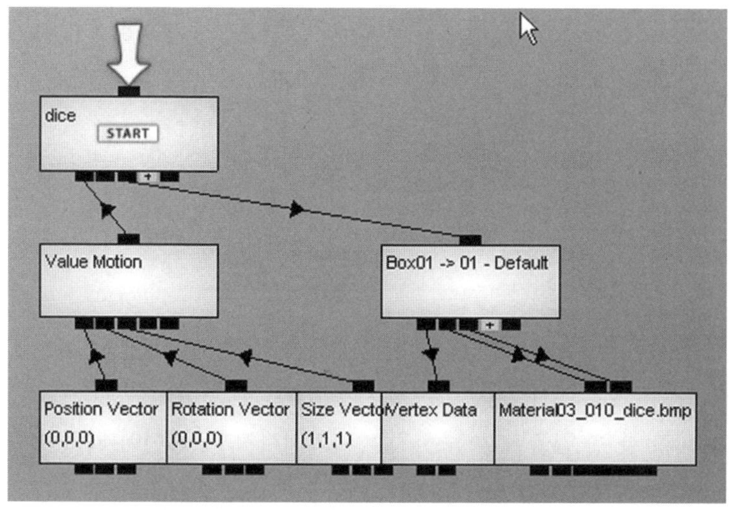

[그림 159] 오픈한 dice.CGR

dice.CGR에서 왼쪽의 Value Motion은 애니메이션에 관계되는 채널로 주사위의 애니메이션은 만들지 않았기 때문에 지워도 상관없습니다. SHIFT 키를 누른 상태에서 Value Motion 채널을 클릭하면 하위 모든 채널이 동시에 선택이 됩니다. 키보드의 Delete 키를 눌러 삭제합니다. 오른쪽의 Box-〉01-Default 채널 및 그 하위의 채널이 3D 오브젝트에 관한 채널입니다. 오른쪽의 채널만 남기고 정리를 하면 Box를 만드는 데 필요한 Vertex Data 채널, Material 채널, 그리고 텍스쳐 이미지(dice.bmp) 채널로 구성된 것을 볼 수 있습니다.

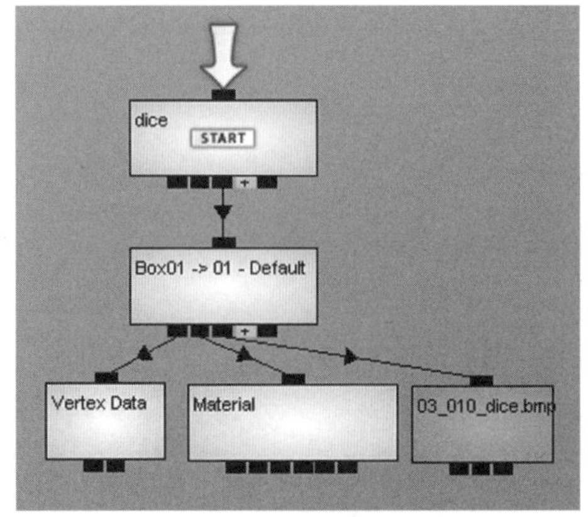

[그림 160] 주사위 오브젝트

14 Object Section (F5)의 Object View 탭을 누르면 주사위의 Preview를 볼 수 있습니다. 주사위의 텍스쳐까지 잘 표현이 되었습니다.

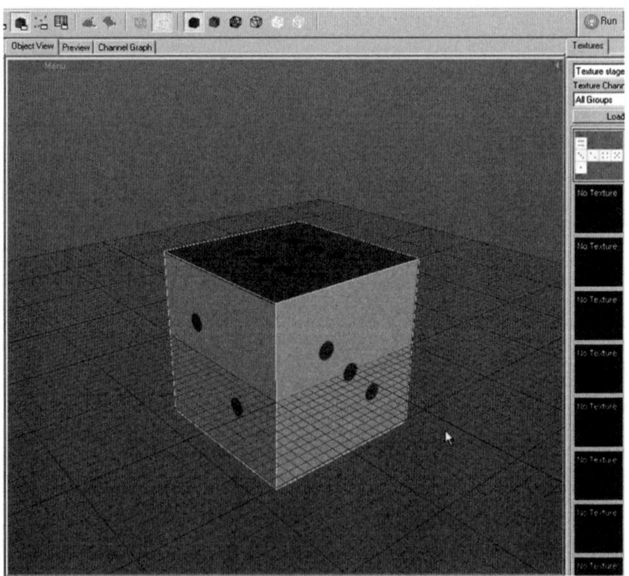

[그림 161] 주사위를 Object View로 보기

15 옆의 Preview 탭을 누르면 검정색으로만 보입니다. 라이트가 Scene에 없기 때문에 검정색으로만 표현됩니다. 채널 그래프로 가서 라이트를 추가해 줍니다.

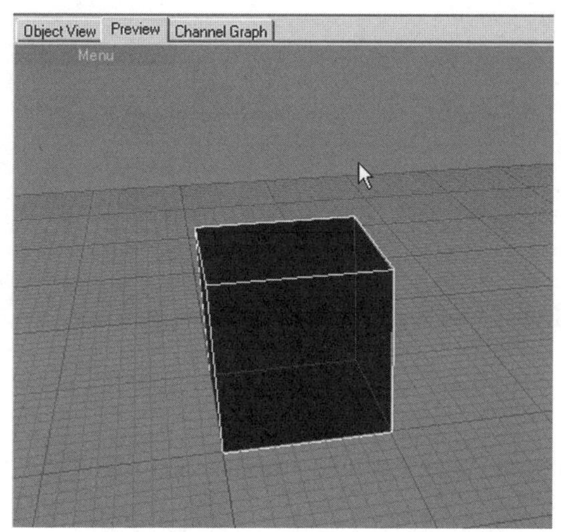

[그림 162] Preview로 보기

Quest3D 왼편에 있는 Templates에서 01-Scene 〉 Lights 〉 Point Light을 드래그해서 채널 그래프로 가져 옵니다. Point Light 위의 링크 스퀘어를 클릭해서 연결하려고 하면 모든 링크 스퀘어가 빨간색으로 변하여 연결할 곳이 없습니다. 라이트는 Render 채널에 연결해야 합니다.

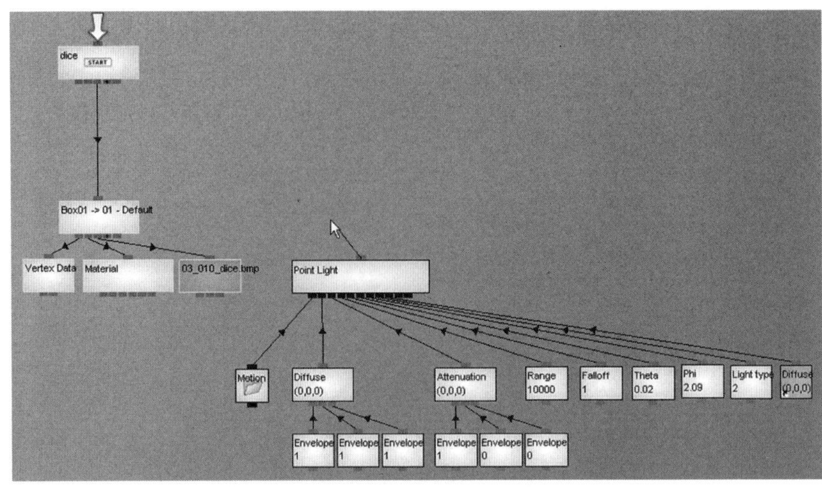

[그림 163] Light 채널의 추가

왼쪽 Templates 〉 01-Scene 〉 Rendering 〉 Render 채널을 채널 그 래프로 가져와서 dice 채널을 Render 채널에 연결합니다. Point Light도 Render 채널에 연결합니다.

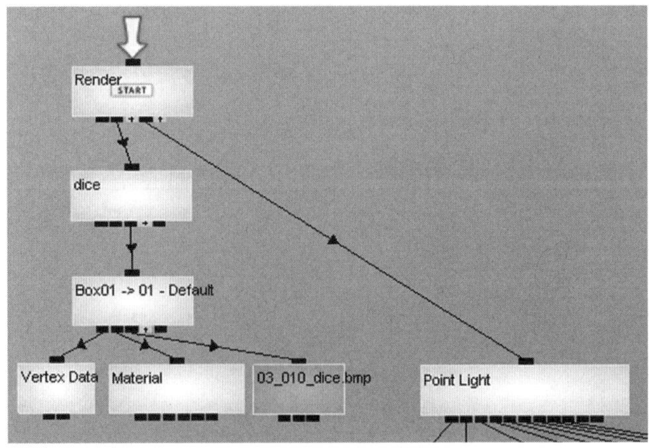

[그림 164] Point Light 연결

Preview로 보는 주사위는 여전히 검정색으로만 표현되고 있습니다.

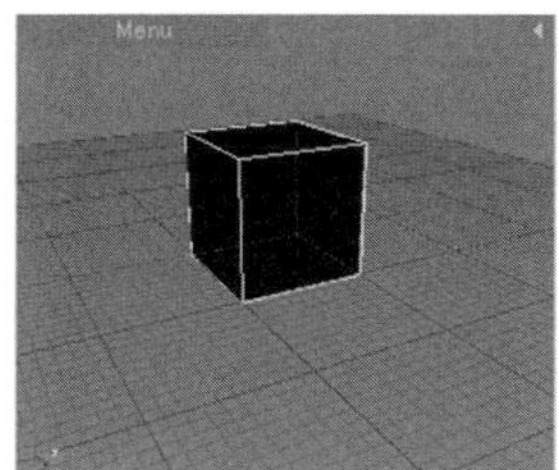

[그림 165] Preview

Animation Section (F4)를 선택합니다. 왼쪽의 탭에서 Lights를 선택
합니다.

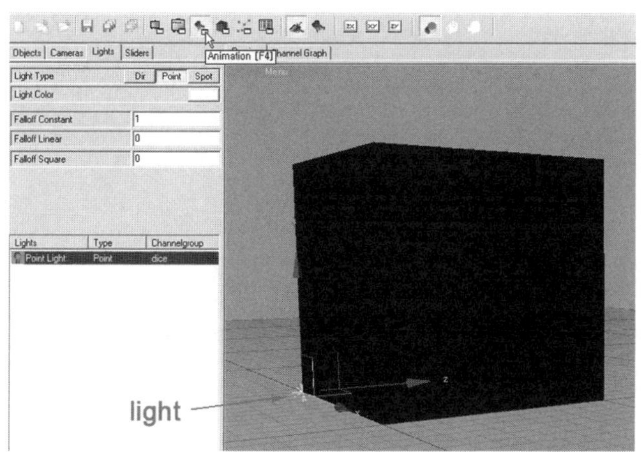

[그림 166] Animation Section의 Preview

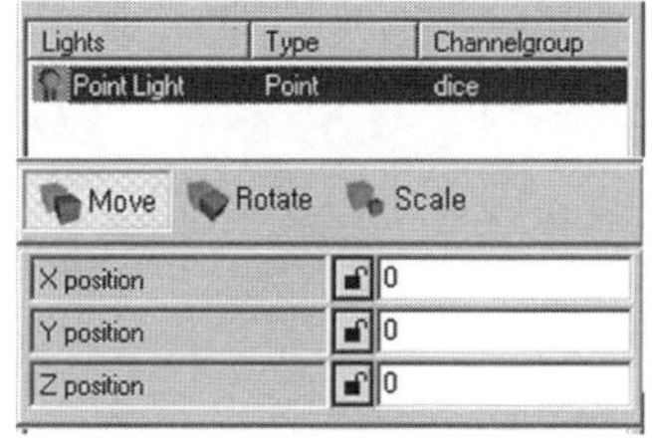

[그림 167] Moving Point Light

　왼쪽 Light 리스트에서 Point Light를 선택하고 아래 부분에서 Move 버튼을 누릅니다. 이제 Light를 움직일 수 있습니다. 라이트를 움직여서 주사위가 충분히 밝게 보이도록 합니다. 필요하면 라이트를 추가로 설치합니다.

　다음 그림은 Point Light 하나를 더 추가해서 서로 대각선 방향으로 놓은 모습입니다. 여기에 Spot Light를 하나 추가했습니다. Spot Light은 Rotate 툴로 각도를 조절하여 주사위를 잘 비추도록 하였습니다. Point Light의 경우는 특별한 방향성을 갖고 있지 않지만, Spot Light은 방향성이 뚜렷합니다.

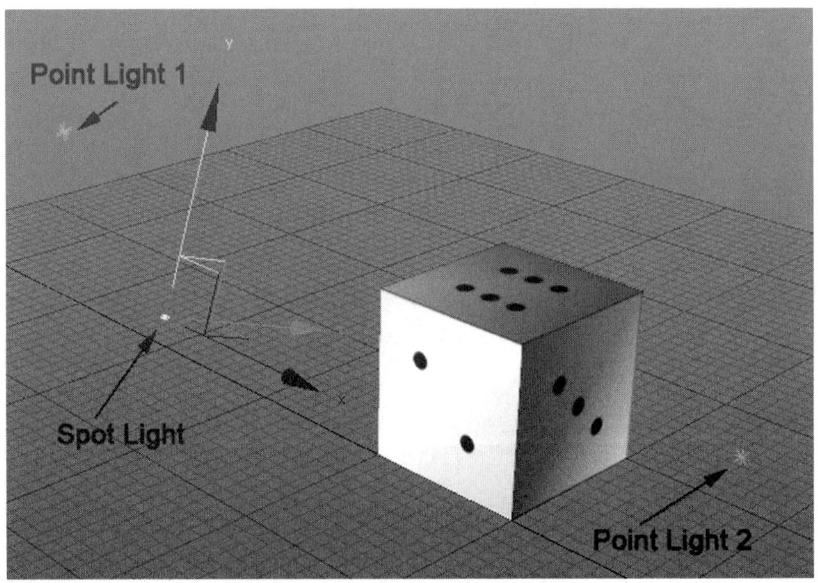

[그림 168] Point Light 2개와 Spot Light 1개

16 이제 Quest3D 없이도 주사위를 마음대로 돌려 볼 수 있는 카메라를 설치해 보겠습니다. 이 방법은 포트폴리오로 3D 모델을 만들어서 보여줄 경우, 제품 디자인을 시연할 때 유용하게 쓸 수 있습니다.

먼저, File 〉 Save All 해서 파일을 저장합니다. Quest3D는 Undo 기능이 없기 때문에 필요할 때마다 다른 이름으로 또는 같은 이름으로 저장을 해야 합니다.

저장이 끝났으면, Templates에서 01-Scene 〉 Cameras 〉 Object Inspection Camera를 선택해서 채널 그래프로 끌어 옵니다. 끌어 온 Camera 채널의 가장 상위 채널인 Object Inspection Camera 상단의 링크 스퀘어와 Render 채널의 하단 링크 스퀘어를 연결해 줍니다. Start 3D Scene을 채널 그래프로 가져와서 가장 상단에 놓고 밑에 Render 채널을 연결한 후 RMB를 눌러 Set as start channel로 만듭니다.

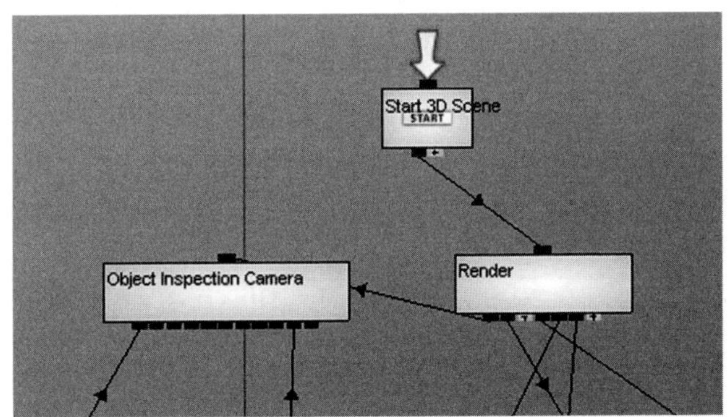

[그림 169] Object Inspection Camera, Start 3D Scene 연결하기

Animation Section (F4)로 가서 왼쪽의 Objects 탭을 누르고 Preview를 봅니다. 상단의 메뉴바에서 Camera View 아이콘을 눌러서 View를 전

환합니다. Object Inspection Camera에서 보이는 View가 나타납니다.

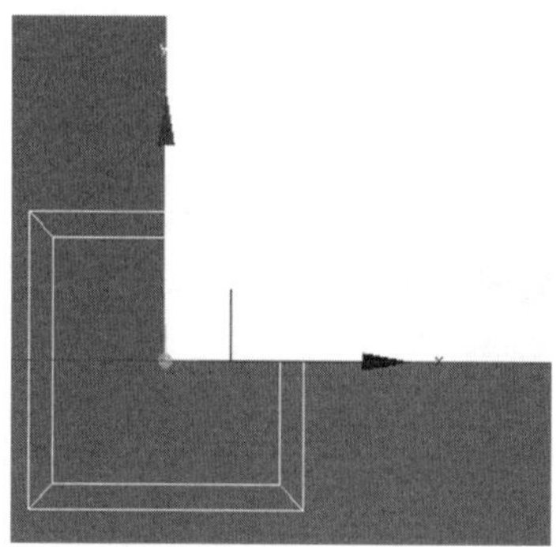

[그림 170] Camera View

왼쪽 아래의 네모난 박스가 Caemra Target입니다. 만일 카메라 뷰를 바꾸려면, 카메라를 움직이는 것이 아니라 Camera Target을 움직여야 합니다.

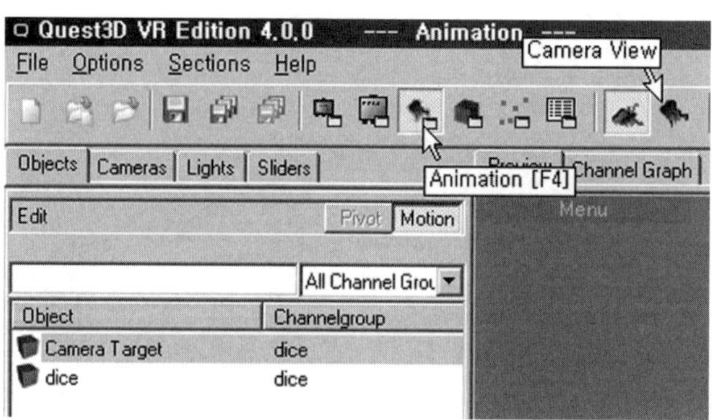

[그림 171] Animation Section

뷰를 적절히 맞췄으면, File 〉 Publish를 선택하여 Executable 파일로 만듭니다.

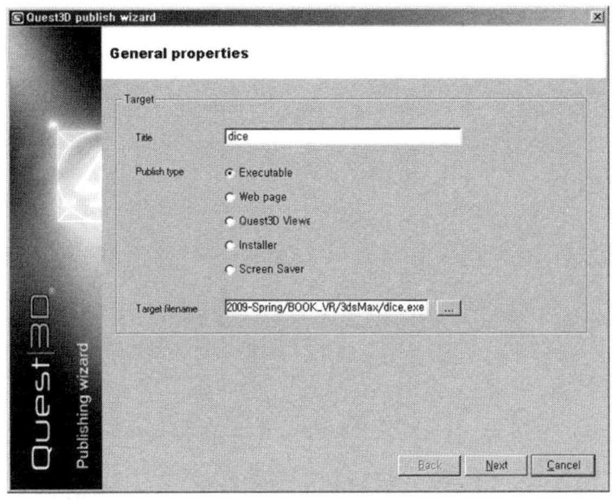

[그림 172] Publish 선택

파일 이름(title)과 저장 위치(target filename)를 입력합니다. Next 버튼을 누릅니다. 다음 윈도우에서 필요한 파일을 선택하고 Finish를 눌러 Exe 파일로 퍼블리싱을 합니다.

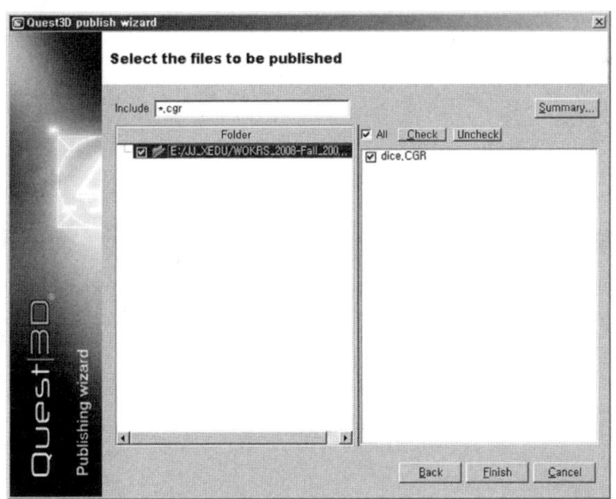

[그림 173] 퍼블리싱 파일 선택

퍼블리싱이 끝나면, Target Directory로 가서 확인합니다. dice.exe를 더블 클릭해서 실행합니다.

(2) Maya

3dsMax만큼이나 많은 유저들이 Maya를 사용해서 3D 모델을 만들고 있습니다. 다음은 Maya에서 만든 3D 모델을 Import 해 보겠습니다.

01 Maya를 시작합니다. Polygons 모드로 맞추고, Create 〉 Polygon Primitives 〉 Cube ☐ 클릭합니다. Cube를 만드는 옵션이 나옵니다. 다음과 같이 수치를 입력하여 cube를 만듭니다.

- Width: 8

- Height: 10

- Depth: 3

- Width/Height/Depth Division: 1

- Axis: Y

- Create UVs: On

- Normalize: Off

오른쪽 채널 박스에서 Translate Y: 5를 입력하여 상자를 Grid 위로 올립니다.

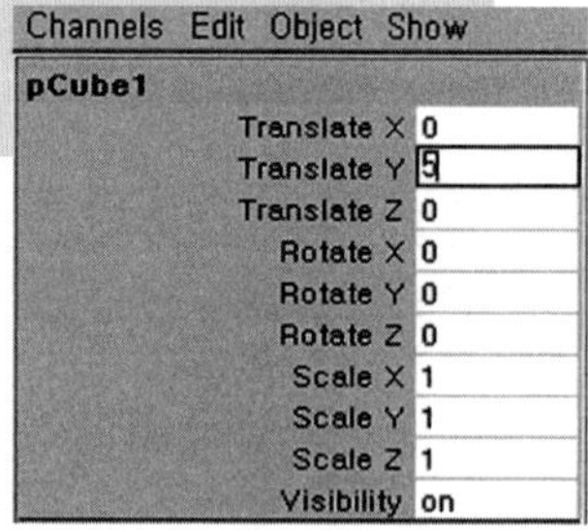

[그림 174] Translate Y=5 입력

02 상자(cube)를 RMB로 클릭, Assign New Material 〉 Lambert를 선택합니다. Lambert에 대한 Attribute 창이 나오면, Lambert 옆의 이름을 box1으로 바꿉니다. 같은 재질(material)이라도 혼동을 막기 위해서 다른 이름을 붙여 줍니다.

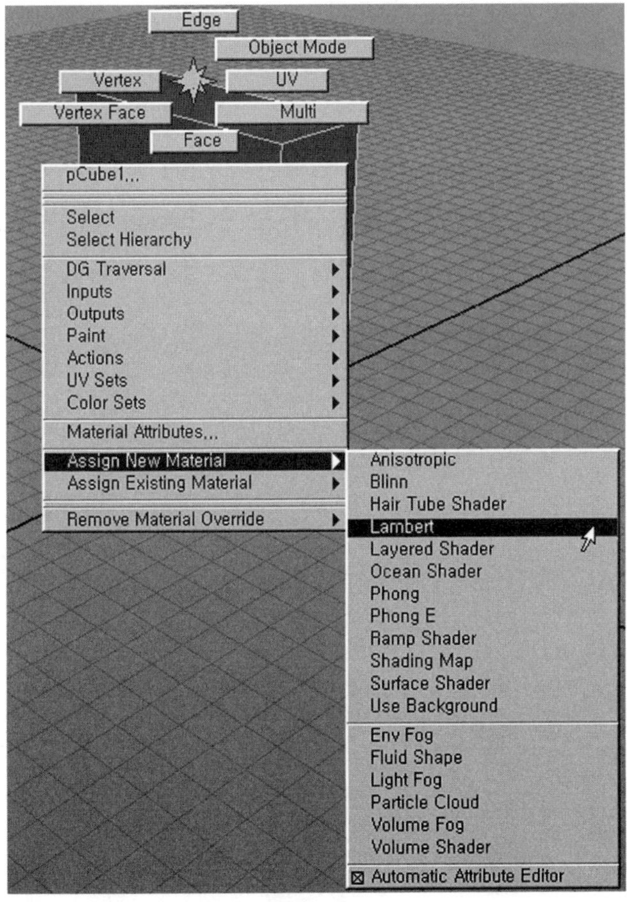

[그림 175] Material 지정하기

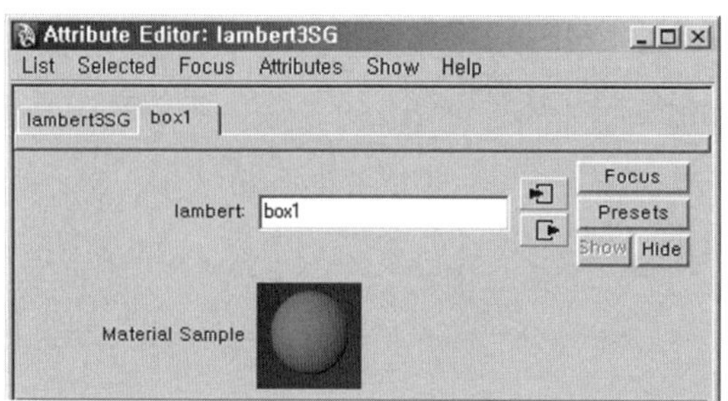

[그림 176] Lambert Attribute

Common Material Attributes 아래의 Color의 슬라이더를 오른쪽으로 움직여서 회색을 흰색으로 바꿉니다. 옆의 Checker 무늬 버튼을 눌러서 Create Render Node 창을 오픈하고, File 버튼을 누릅니다.

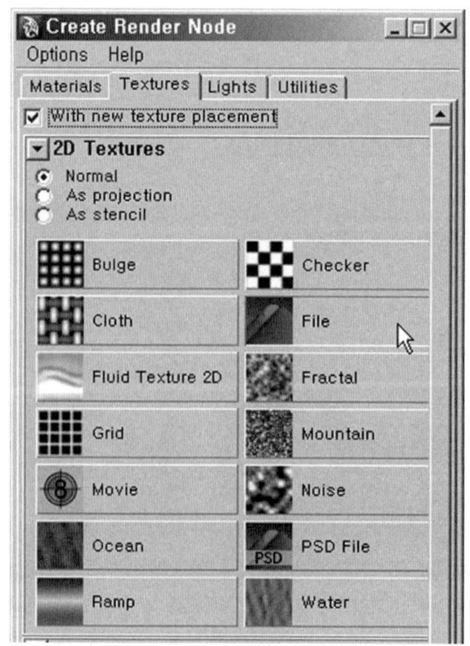

[그림 177] 텍스쳐 파일 선택

Attribute Editor 창이 나오면, Image Name 옆의 폴더 아이콘을 눌러서 원하는 텍스쳐 파일을 선택합니다.

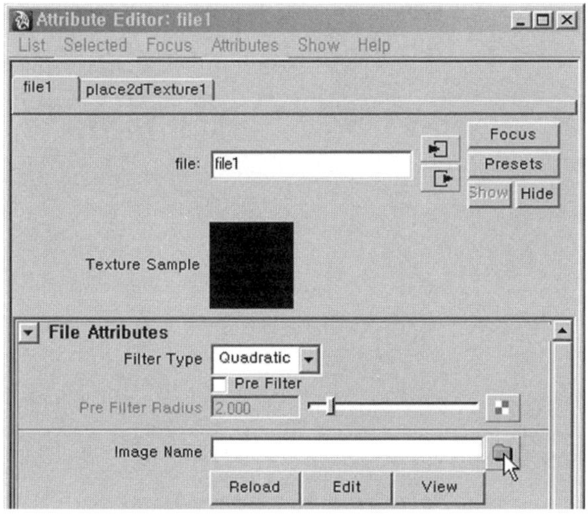

[그림 178] Attribute Editor

Viewport 메뉴에서 Shading 〉 Hardware Tecturing을 선택하면 화면에 텍스쳐가 적용된 박스가 표시됩니다.

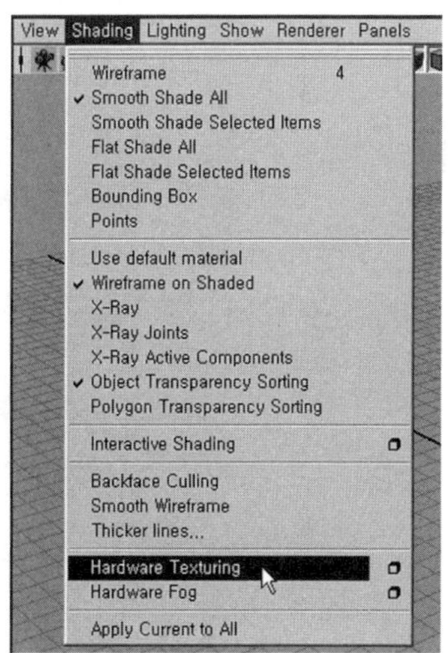

[그림 179] Hardware Texturing

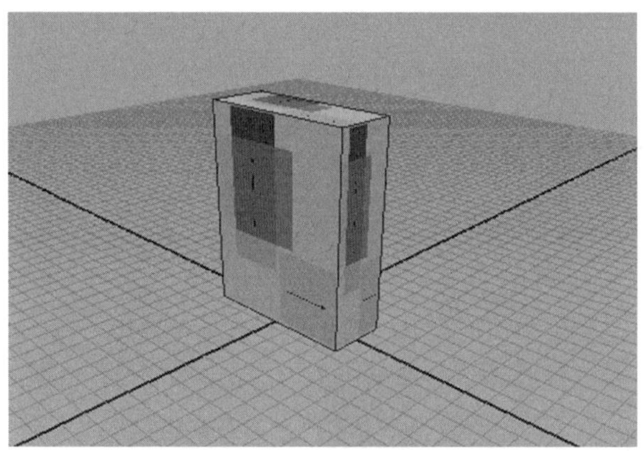

[그림 180] 텍스쳐가 적용된 모습

03 왼쪽의 Quick Layout 버튼을 RMB로 클릭해서 Persp/UV Texture Editor를 선택합니다.

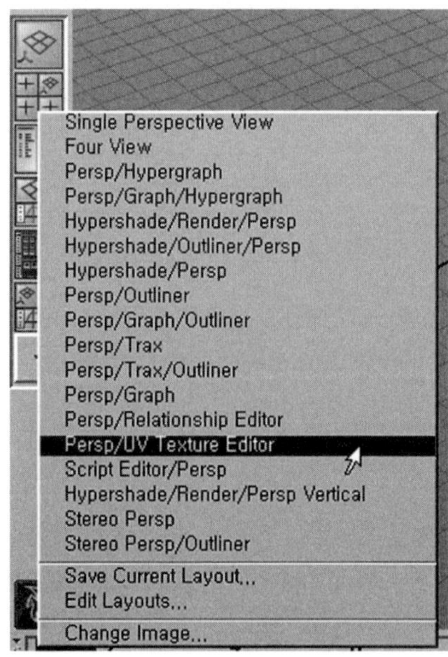

[그림 181] Persp/UV Texture Editor

왼쪽은 Perspective 화면이, 오른쪽은 UV Texture Editor 화면이 나옵니다. 오른쪽 화면에 텍스쳐 이미지가 나오도록 왼쪽 화면에서 박스를 Object Mode로 선택합니다.

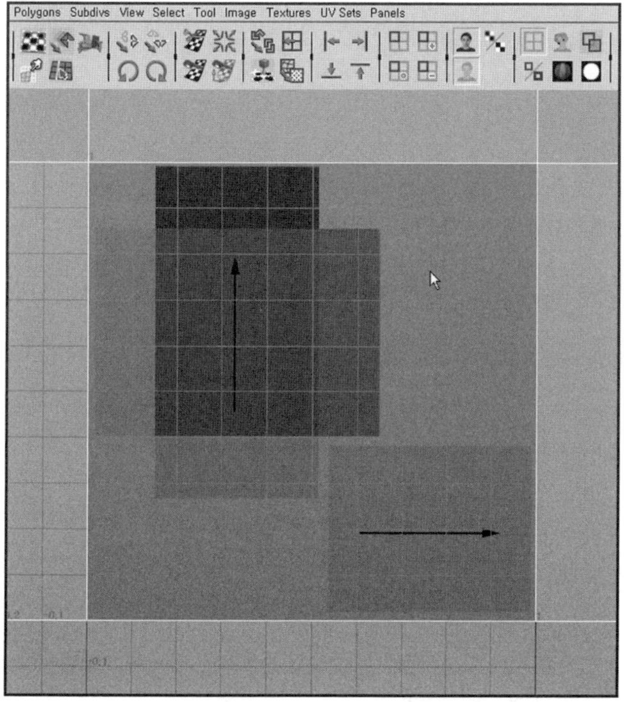

[그림 182] UV Texture Editor

박스가 Object Mode로 선택된 상태에서 Create UVs 〉 Automatic Mapping을 선택합니다. Create UVs 메뉴는 모드가 Polyogn으로 되어 있어야 보입니다. 옵션 창이 뜨면, 다음과 같이 세팅하고 Project 버튼을 누릅니다.

Planes：3

Percentage Space：2

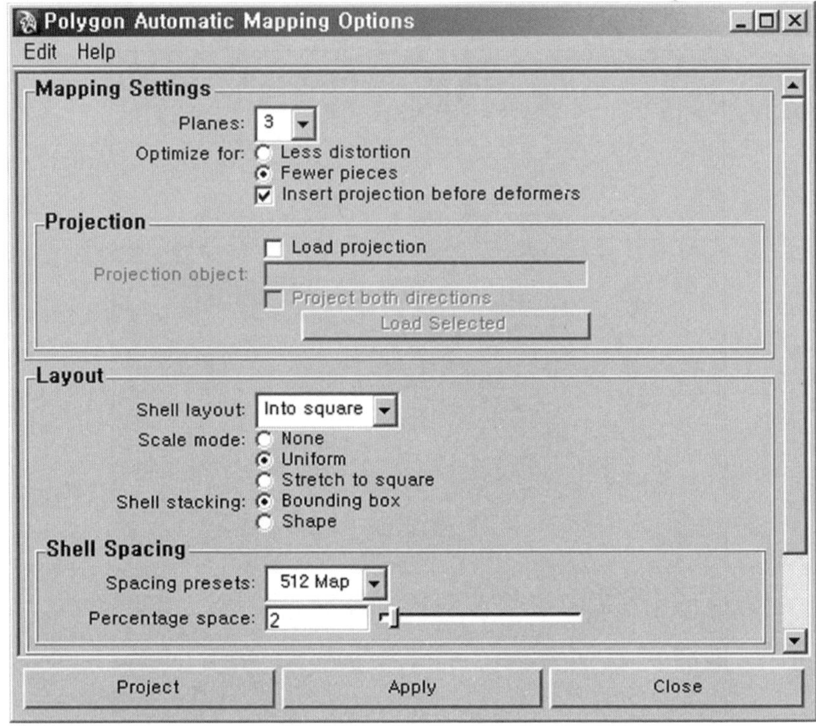

[그림 183] Automatic Mapping Option

UV Texture Editor 화면에 박스의 6개의 면이 나뉘어서 표시됩니다.
필요에 따라서 이미지를 어둡게 하려면 Dim Image 버튼을 누릅니다.

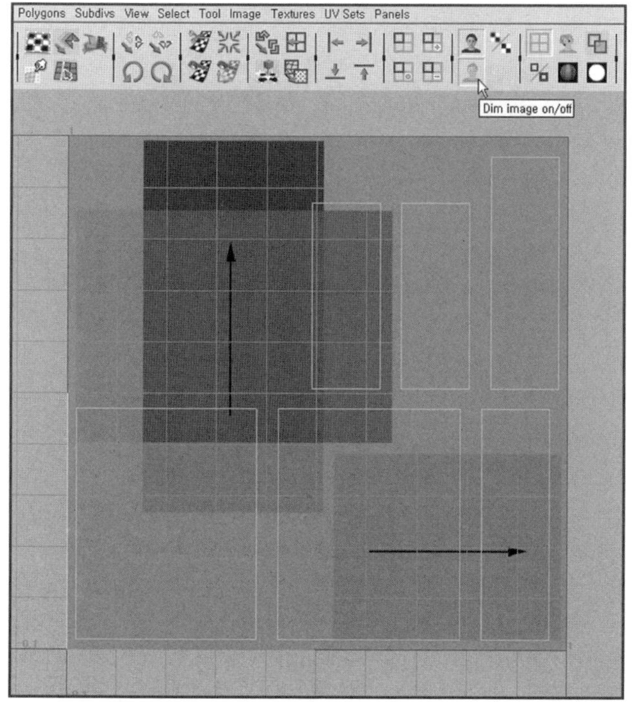

[그림 184] 6개의 면 표시와 Dim Image

04 Dim Image 위의 버튼을 눌러서 텍스쳐 이미지를 잠시 끕니다.

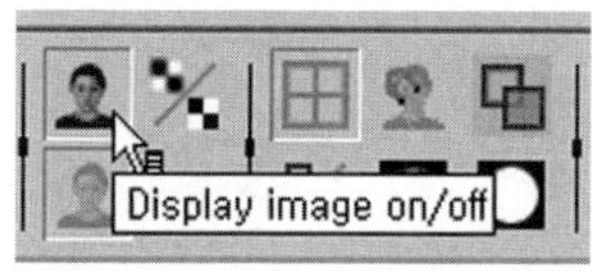

[그림 185] Display image OFF

왼쪽 Persp Viewport에서 RMB로 박스를 클릭하여 Edge를 선택합
니다.

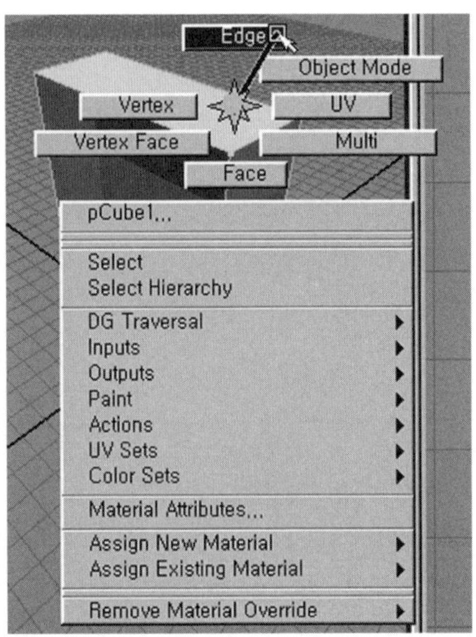

[그림 186] Edge 선택 모드

왼쪽 박스의 앞면 위의 Edge를 선택하면 오른쪽 화면에서 그에 상응하는 Edge가 표시됩니다. UV Texture Editor 메뉴 바에서 Polygons 〉 Move and Sew UV Edges를 선택합니다.

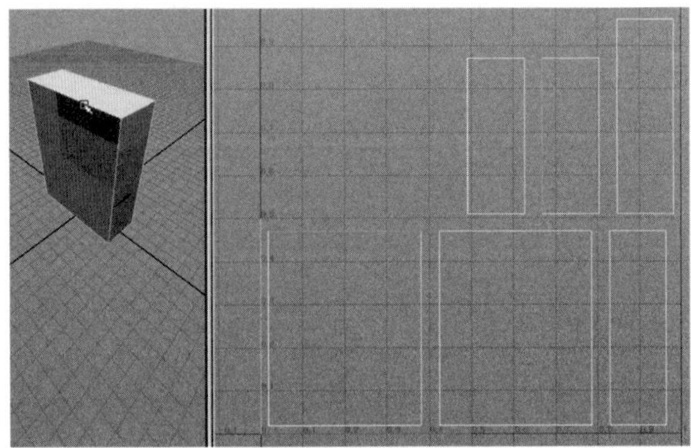

[그림 187] Edge 선택

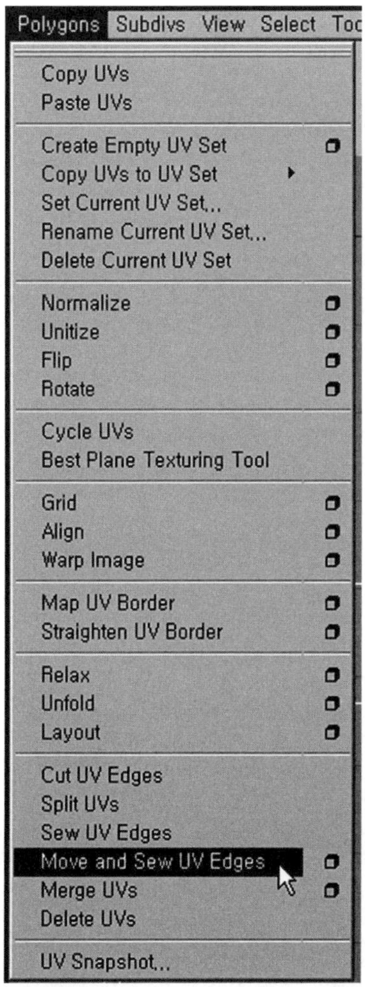

[그림 188] 선택된 Edge Polygons Move and Sew

전면의 네 면을 작업하고 나면, 이렇게 나옵니다.

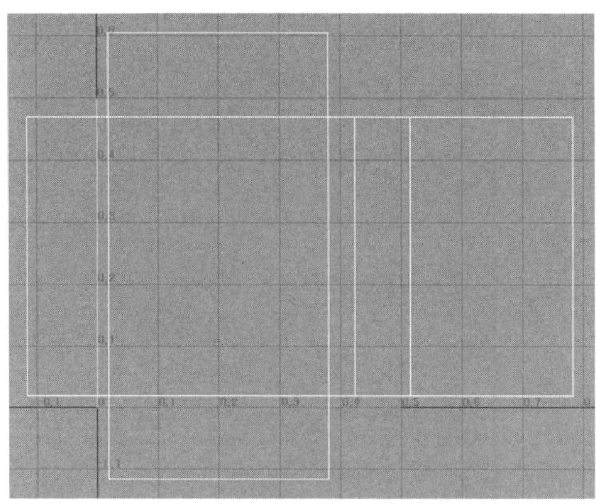

[그림 189] Polygon-Move and Sew 한 후

05 UV Texture Editor의 Image Display를 켭니다. RMB 클릭해서 UV를 선택합니다. Ctrl을 누른 상태에서 RMB를 눌러 To Shell을 선택합니다.

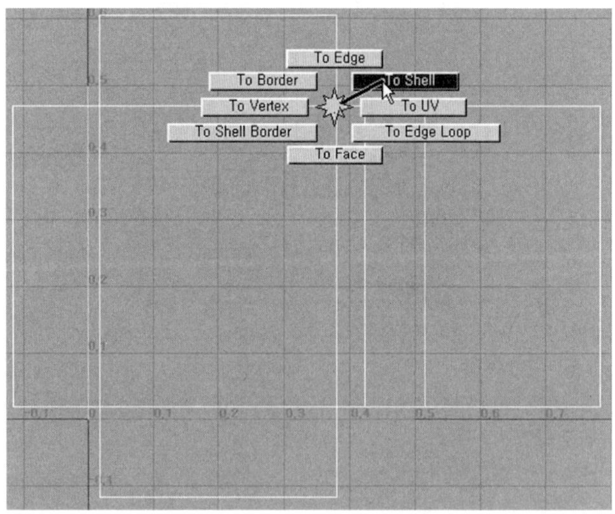

[그림 190] To Shell

왼쪽 메뉴에 있는 Move 툴을 선택하여 텍스쳐 이미지에 맞게 움직입니다. 나머지 뒷면은 Rotate으로 방향을 조절합니다.

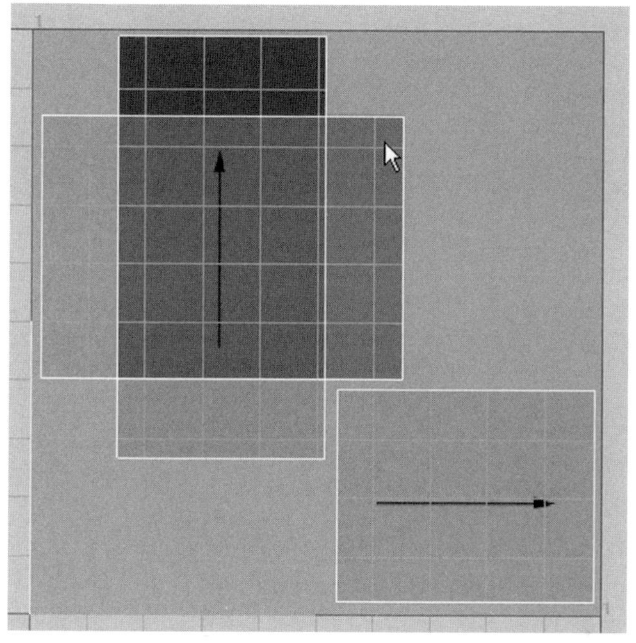

[그림 191] 완성된 UV Texture Map

06 완성된 박스를 선택하고 File 〉 Export Selection □을 선택합니다. 선택한 박스를 FBX 포맷으로 Export 하려고 합니다.

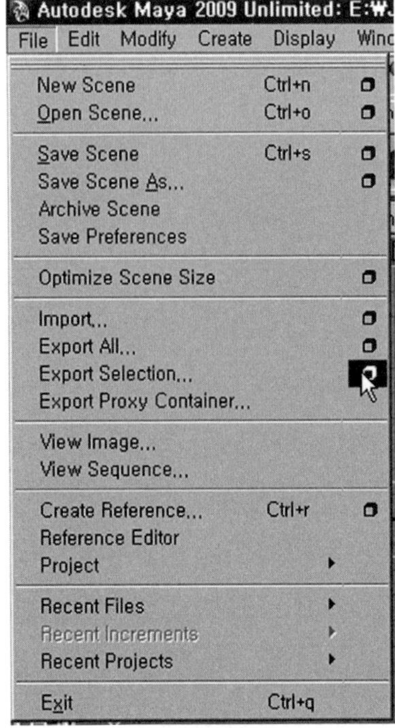

[그림 192] Export Selection

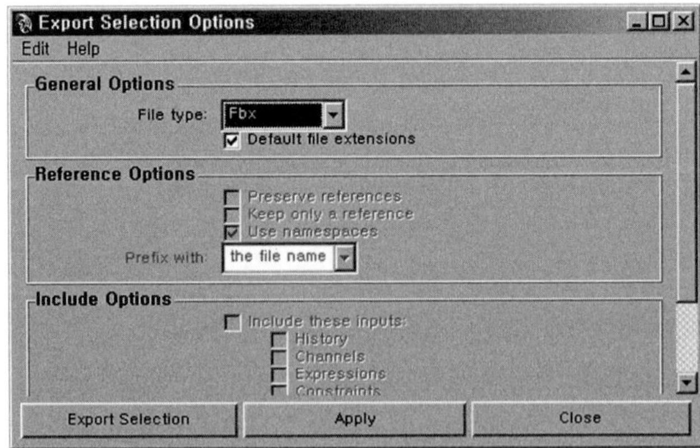

[그림 193] File Format: FBX

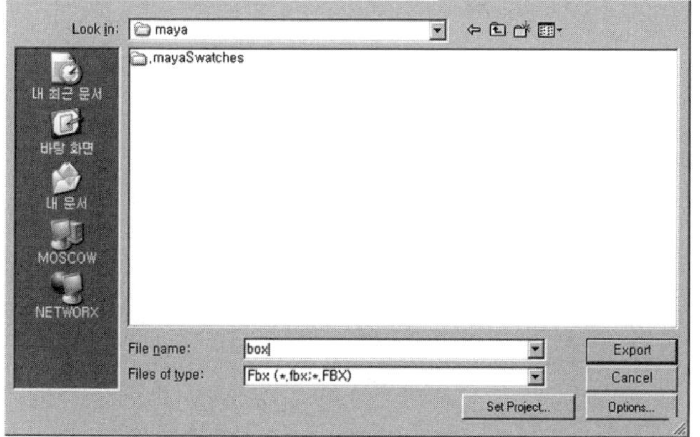

[그림 194] Export

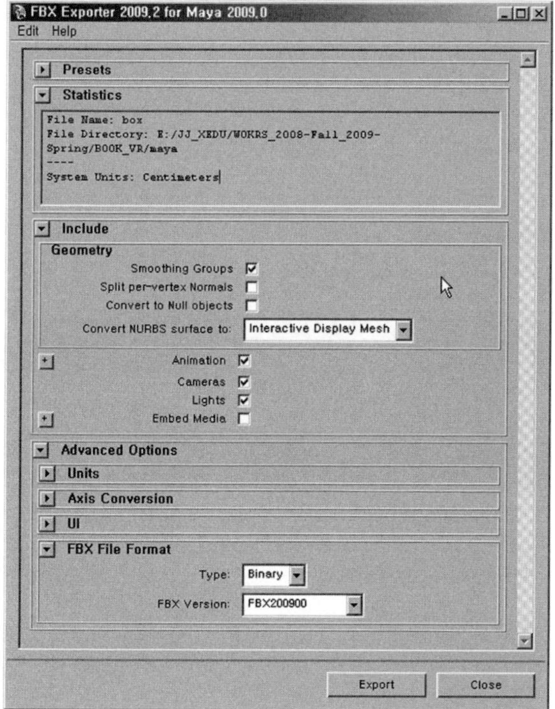

[그림 195] FBX 파일 옵션

07 3dsMax를 실행해서 export한 FBX 파일을 Import합니다. 텍스쳐 매핑까지 Import되어 화면에 나타납니다.

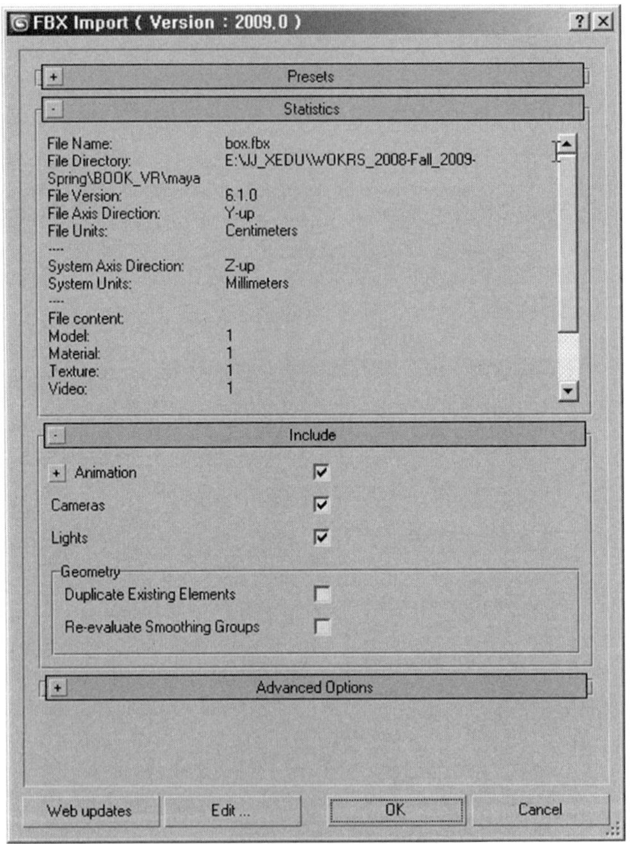

[그림 196] FBX Import

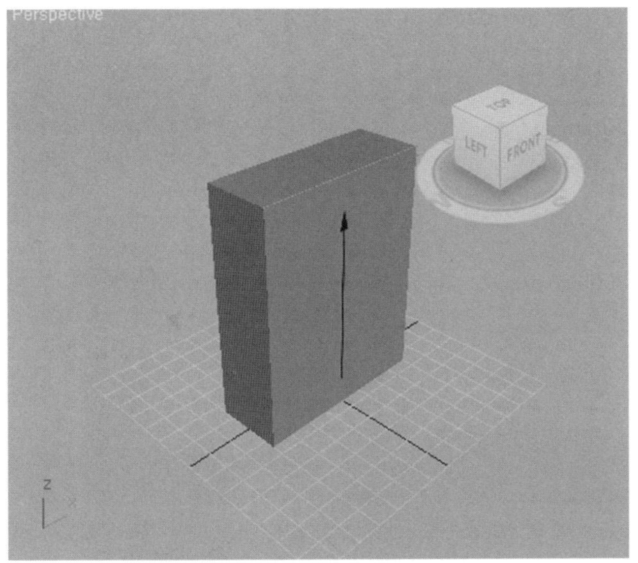

[그림 197] Import된 박스

08 Import된 박스를 다시 Quest3D 포맷으로 Export를 합니다.

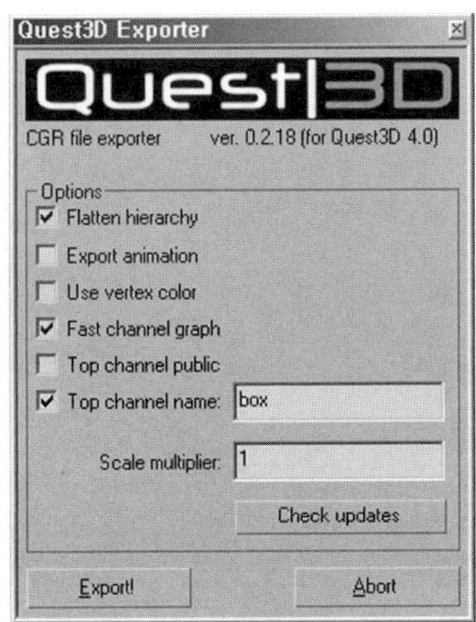

[그림 198] 3dsMax의 Quest3D Exporter

09 Quest3D로 3dsMax에서 Export한 파일을 오픈합니다.

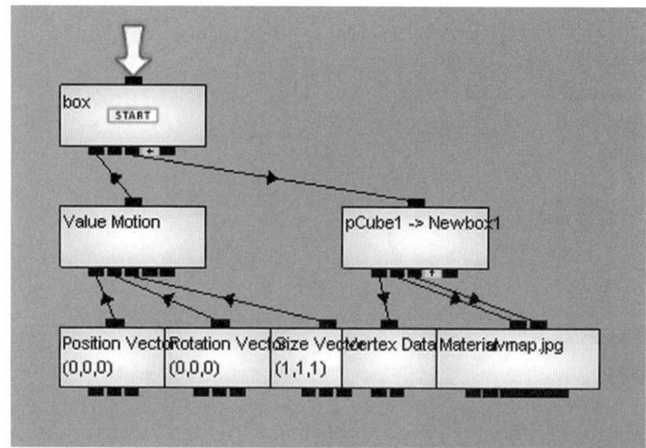

[그림 199] 3dsMax에서 Export한 box.CGR

앞에서 했던 것처럼 박스의 애니메이션이 없기 때문에 Value Motion 채널은 모두 삭제해도 괜찮습니다. 남은 채널을 잘 보이기 위해서, Start 3D Scene, Render, Point Light, Spot Light, Object Inspection Camera 채널을 추가합니다.

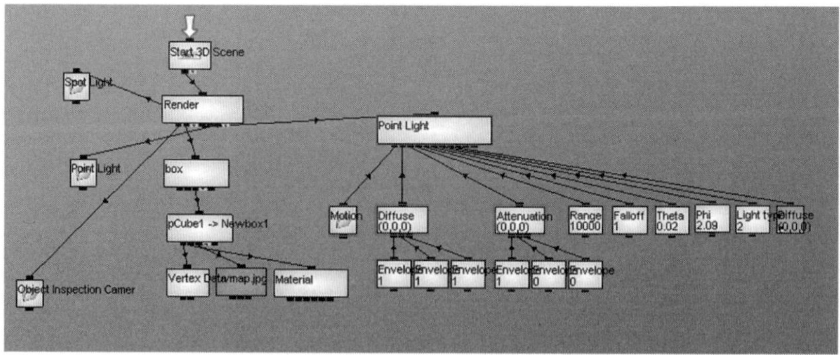

[그림 200] 필요한 채널의 추가

왼쪽의 Spot Light, Point Light, Object Inspection Camera 채널은 폴더로 간편하게 표시한 것입니다. 오른쪽의 Point Light처럼 Shift 키를 누른 상태에서 최상위의 채널을 선택하면 하위의 모든 채널이 선택됩니다. 이 상태에서 키보드의 Space Bar를 누르면 폴더로 바뀝니다. 폴더를 선택하고 Space Bar를 누르면 폴더를 펼칠 수 있습니다.

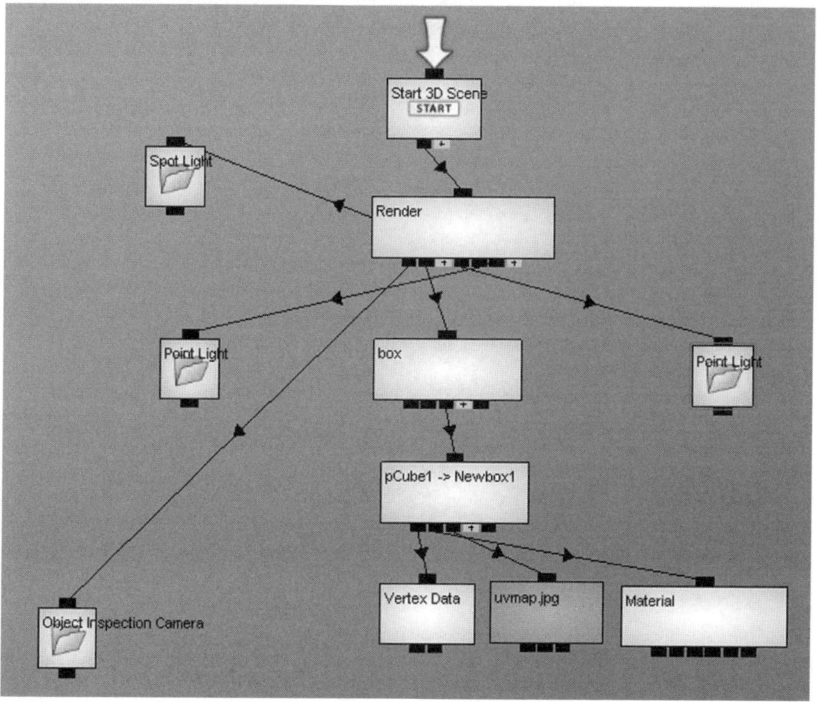

[그림 201] 추가된 채널을 모두 폴더로 변환

10 앞에서와 마찬가지로 조명과 카메라 타깃(camera target)을 적절히 움직여 박스가 잘 보이도록 합니다. 조절이 끝나면, Exe 파일로 퍼블리싱합니다.

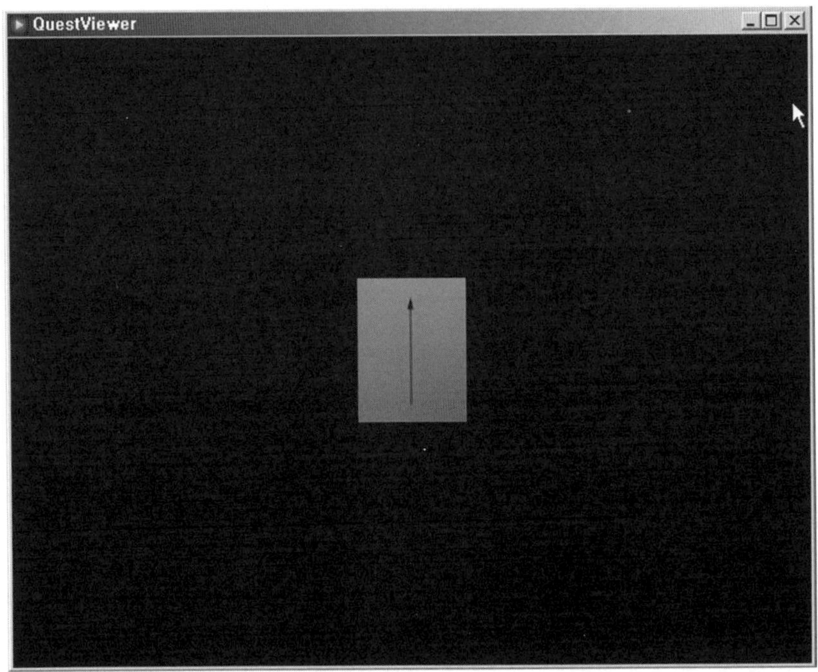

[그림 202] 퍼블리싱한 box.exe

11 MMB 휠을 움직이면 Zoom in/out이 됩니다. 오브젝트를 돌려서 볼려면, RMB를 누른 상태에서 마우스를 움직입니다.

12 ESC 키를 누르면 애플리케이션이 종료됩니다.

4. 프로젝트

Quest3D로 만드는 프로젝트는 기본적으로 외부의 3D 툴을 사용하여 모델링을 하기 때문에 3dsMax나 Maya를 잘 다루는 것이 중요합니다. 두 3D 모델링 툴을 사용하여 오브젝트를 만들어 Quest3D에서 라이트와 인터랙션을 주어 프로젝트를 완성합니다.

프로젝트를 만들기 전에 기획이 매우 중요하며 앞서 설명한 대로 자신의 아이디어를 정리하여 시나리오 스토리보드를 만듭니다. 3D 모델의 개수와 디테일 정도, 텍스쳐 맵의 크기가 결정되면, 인터랙션에 따라 모델링을 따로 할 것인지, 붙여서 할 것인지에 대한 것을 정할 수 있습니다.

예를 들어, 건물에 붙어 있는 문을 움직일 계획이라면, 모델링을 할 때 건물과 문을 만들고 각각 다른 파일로 저장해서 CGR(Quest3D파일)로 Export해야 합니다.

좋은 아이디어와 실시간 렌더링에 적합한 로우 폴리곤 모델링, 그리고 흥미로운 인터랙션으로 프로젝트를 완성하기 바랍니다.